Eduard Jacobson

**Ein gemachter Mann**

Posse mit Gesang in drei Akten

Eduard Jacobson

**Ein gemachter Mann**
*Posse mit Gesang in drei Akten*

ISBN/EAN: 9783743460522

Hergestellt in Europa, USA, Kanada, Australien, Japan

Cover: Foto ©ninafisch / pixelio.de

Weitere Bücher finden Sie auf **www.hansebooks.com**

**Als Manuscript gedruckt.**

Uebersetzungsrecht für alle anderen Sprachen vorbehalten.

Für sämmtliche Bühnen im ausschließlichen Debit der **Theater-Agentur** von **Felix Bloch** in **Berlin**, und von diesem allein ist das Recht der Aufführung zu erwerben.

Eduard Jacobson.

Für Oesterreich-Ungarn beliebe man sich an meinen Rechts-Vertreter Herrn **Dr. O. F. Eirich**, Hof- und Gerichts-Advokat, Wien I., Hohenstaufengasse 4, zu wenden.

Felix Bloch.

Für Schweden-Norwegen im Verlage von A. E. Lilještrand in Stockholm.

Das Aufführungsrecht dieses Stückes für schwedische und norwegische Bühnen kann nur durch Uebereinkunft mit Herrn A. E. Lilještrand in Stockholm erworben werden.

Nachdruck und Uebersetzung verboten.

Felix Bloch.

# Ein gemachter Mann.

Posse mit Gesang in drei Acten (fünf Bildern)

von

## Eduard Jacobson.

(Nach einer Idee von P. Hartmann.)

Dieses Manuscript darf von dem Empfänger weder verkauft, noch verliehen, noch sonst irgendwie weitergegeben werden, bei Vermeidung der gerichtlichen Verfolgung wegen Mißbrauchs, und resp. Schadloshaltung der Autoren.

Duplikate kosten 3 Mark.

**Felix Bloch,**
bevollmächtigter Vertreter der Autoren.

**Berlin 1883.**

## Personen.

Baron Erich von Elmenhorst.
Baron Kurt von Elmenhorst, sein Neffe.
Pasewalk, Rentier.
Friederike, seine Frau.
Else, Beider Tochter.
Toni Sendler, deren Gesellschafterin.
Theodor Lux.
Wallberg,
Random, } Maler.
Ulfert,
Gollmitz, Bildhauer.
Laura Jungblut, Wittwe.
Dörthe, Dienstmädchen bei Pasewalk.
Wetterhahn, Gerichtsvollzieher.
Janzke, Feuerwehrmann.
Künstler und deren Frauen. Gäste auf dem Künstlerfest.

Ort der Handlung: Berlin.
Zeit: Die Gegenwart.

Die drei Darsteller des Baron Kurt und der Maler Wallberg und Random müssen von gleicher Figur sein, um die Verwechslungen nicht unwahrscheinlich zu machen.

# Erster Akt.

(Salon bei Pasewalk, überladen elegant. Im Vordergrunde ein Tisch, worauf Bücher und Albums in eleganten Goldschnitt-Bänden ausliegen. Mittelthüren, rechts und links Seitenthüren. Fenster mit herabgelassenem Rouleau. Ein Schreibtisch.)

### 1. Scene.
### Dörthe. (Dann) Wallberg.

(Beim Aufziehen des Vorhanges hört man hinter der Scene die Melodie: „Keine Ruh' bei Tag und Nacht" — Leporello-Arie aus „Don Juan" — auf dem Clavier spielen.)

**Dörthe** (im Vordergrunde, einen Staubwedel in der Hand). Ein heiterer Morgen, dieser Morgen! Der Herr tobt, die Madam rast, und das Fräulein (indem sie auf die betreffende Seitenthür deutet) ruft in ihrem Schmerze Mozart an. Und das Alles wegen des gestrigen Abends, wo dem Anbeter des Fräulein Else die Ehre zu Theil wurde, von dem Herrn Papa eigenhändig hinausgegangen zu werden. (Sie beginnt wieder zu fegen.) Und dabei ist Papa Pasewalk selbst Schuld an dem Unglück. (Das Clavier schweigt.) Wenn man seine hübsche Tochter malen lassen will, wählt man doch nicht einen jungen, interessanten Künstler! (Hält mit der Arbeit inne.) Mit der Liebe ist nicht zu spaßen: man hat am Ende ein Herz — ein gefühlvolles Herz — (mit Nachdruck) Berliner Fabrikat! Mein Wilhelm von der Feuerwehr weiß ein Lied davon zu singen! (Zum Publikum.) Da drüben ist seine Feuer-Station! (Indem sie auf das Fenster deutet, sieht sie, daß das Rouleau herabgelassen ist — erschreckt.) Himmel! Wer hat denn das wieder gethan? (Zieht das Rouleau in die Höhe.) Da hätte ein schönes Malheur herauskommen können! Das herabgelassene Rouleau ist das Zeichen für Wilhelm, daß die Herrschaft ausgegangen ist und er kommen kann. (Stäubt wieder ab und trällert dabei: „Keine Ruh' bei Tag und Nacht".)

Wallberg (steckt den Kopf durch die Mittelthür und ruft halblaut). Pst! Dörthe!

Dörthe (überrascht). Herr Wallberg! — Und Sie wagen es noch —

Wallberg. Nur auf einen Moment; ich komme von oben, von Frau Jungblut —

Dörthe. Ich weiß ja, Sie malen Tante Laura für die Kunstausstellung; aber Herr Pasewalk hat Ihnen doch gestern, wenn ich nicht irre —

Wallberg. Die Thür gewiesen — „Da kann man nicht dran tippen" — wie seine geistreiche Devise lautet.

Dörthe. Sie müssen ihm das nicht übelnehmen, er steht zu tief unter Sie.

Wallberg. Sie unterschätzen den Mann, Dörthchen; er hat seiner Zeit sehr gute Würste gemacht, das genügt; Jeder macht, was er kann. — Im Uebrigen will ich ihn ja auch nicht heirathen, sondern seine reizende Tochter, und so lange nur Else treu zu mir hält, verliere ich den Muth nicht. Hier, Dörthe, ist ein Brief für das arme Kind.

Dörthe (sich scheu umsehend). Um Himmelswillen, wenn das herauskommt!

Wallberg. Dann trösten Sie sich mit dieser Mark! (Giebt ihr mit der einen Hand Geld und wirft mit der andern den Brief in ihre Jaquet-Tasche, die eine Klappe hat, um den Vergleich mit dem Briefkasten zu illustriren.)

Dörthe. Nun muß man sich auch noch als Briefkasten benutzen lassen. — (Elektrisches Klingeln hinter der Scene.) Der Telegraph spielt! Das ist Herr Pasewalk! Ich muß hinein!

Wallberg. Und mein Brief?

Dörthe. Wird besorgt. Verlassen Sie sich nur auf mich! Ich gehöre ja halb und halb auch zur Kunst. Mein Wilhelm —

Wallberg. Der dicke Feuerwehrmann?

Dörthe (nickt). Sie kennen ihn ja; er steht ab und zu bei Professor Menzel Modell — „Lieben und lieben lassen!" (Mit einem Seitenblick auf das Fenster.) Ach, Wilhelm! (Ab links.)

## 2. Scene.

### Wallberg. (Dann) Randow.

Wallberg. Adieu, Dörthchen! (Will durch die Mittelthür ab.)

Randow (tritt à tempo ein; alte, originelle Künstlerfigur, spricht kurz und barsch). Niemand, der Einen meldet?

Wallberg (überrascht). Was sehe ich? Randow!

Randow. Du hier? Komme ich also zu spät! 'Nen Morgen! (Will fort.)

Wallberg (vertritt ihm den Weg). Zu spät? Wieso zu spät?

Randow. Der Kunsthändler sagte mir, der Geldsack hier wolle seine Gans von Tochter malen lassen.

Wallberg. Gans von Tochter? Kennst Du die junge Dame?

Randow. Ich kenne hier Niemand; ist auch sonst nicht meine Leidenschaft, den Leuten mit der Palette nachzulaufen, können ja zu mir kommen — brauche aber Metall — sitzt mir da seit ein paar Tagen unangenehmer Kerl auf dem Halse — Gerichtsvollzieher — (Grüßt.) Habe die Ehre! (Will fort.)

Wallberg (vertritt ihm den Weg). Einen Augenblick noch! Zunächst muß ich Dir bemerken, daß dieses Gänschen, wie Du sie zu benennen beliebst —

Randow. Gans habe ich gesagt —

Wallberg. Daß diese Gans meinem Herzen sehr nahe steht.

Randow. Gratulire. (Will fort.)

Wallberg (ihn aufhaltend). Du wirst mich fragen, weshalb ich sie nicht heirathe?

Randow. Nein! (Will fort.)

Wallberg (wie oben). Aber Du wirst doch neugierig sein, die Gründe zu hören —

Randow. Nein! (Will fort.)

Wallberg. Wenn ich Dir aber sage, daß Dein Anblick mich auf eine Idee bringt, wie Du mir einen großen Freundschaftsdienst erweisen kannst?

Randow. So? Dann bin ich neugierig! Mach's kurz, was kann ich für Dich thun?

Wallberg. Ich darf Else nicht malen, ihr Vater hat mir das Haus verboten.

Randow. Dann soll ich also den Auftrag annehmen?

Wallberg. Ja; Du nimmst ihn an, und ich werde ihn unter Deinem Namen ausführen.

Randow. Die Leute kennen Dich ja doch?

Wallberg. Das schon, aber sie kennen Dich nicht. (Faßt ihn unter den Arm und sagt sehr liebenswürdig, indem er mit ihm auf und abgeht.) Beim Künstlerfest spiele ich in der Bauernkomödie, die wir aufführen, eine widerhaarige Kratzbürste: ich wollte Dich ohnehin in der Maske copiren, da kann ich mich gleich hier in die Rolle einspielen.

Randow (immer sehr ernst). Der Witz ist nicht übel! (Ohne eine Miene zu verziehen.) Ich habe lange nicht so gelacht.

Wallberg. Nimm Dich nur in Acht, daß Dir das Zwerchfell nicht platzt! Komm mit hinauf zu mir, da wollen wir das Weitere besprechen!

Randow. Wohnst Du denn jetzt hier oben?

Wallberg. Nein, aber ich male Elsens Tante, und habe mir bei ihr ein Atelier einräumen lassen, um immer in Else's Nähe zu sein und mich mit ihr zu verständigen.

Randow. Verständigen? Per Telephon?

Wallberg. Vermittelst der Musik. Ich gebe oben ein Signal, und Else antwortet mit einer Melodie. Spielt sie (trällert) „Keine Ruh' bei Tag und Nacht, Nichts, was mir Vergnügen macht", dann ist Papa Pasewalk zu Hause, und ich bleibe oben. Spielt sie aber (trällert aus „Carmen") „Auf in den Kampf, Torero", ist der Papa ausgegangen und ich komme herunter. (Wenden sich zum Gehen.)

Randow (schon in der Thür). Also ernstlich Heirathsgedanken?! Denke Dir, mir träumte neulich, ich hätt' 'ne Frau, aber das Vergnügen, als ich aufwachte und noch ledig war!

Wallberg. Du kennst meine Else nicht, ich verzeihe Dir! (Beide ab durch die Mitte.)

## 3. Scene.

**Pasewalk.** (Dann) **Else.** (Dann) **Friederike.**

Pasewalk (von links im Schlafrock).

### No. 1. Auftritts-Lied.

Einst mußte, ach, als Schlächter ich
Mein täglich Brod verdienen,
Und häufig untersuchte mich
Der Thierarzt auf Trichinen.
Ich kannte keinen Streber-Durst,
Ich stopfte Blut- und Leberwurst,
Und meine Hammel-Rippen,
  Da konnt' man nicht dran tippen.

Jetzt leb' ich unter'm eignen Dach
Als Hauswirth — unberufen —
Erklettert hab' ich nach und nach
Die höchsten Steuerstufen.
Ich zähle mir zur haut-volée,
Und wenn ich unter'n Linden geh'
Da tönt's von allen Lippen:
„Da kann man nicht dran tippen."

An meinen Händen klebt Blut! (Leise zum Publikum.) Ich war früher Schlächter — Schwamm drüber! Jetzt bin ich vierstöckiger, hypothekenfreier Hausbesitzer mit Gas, Wasserleitung, Coupon-Scheere und Telephon-Anschluß — ein gemachter Mann, „da kann man nicht dran tippen". Früher habe ich an jedem Donnerstag mir selber den Stuhl vor die Thüre gesetzt — mit 'ne weiße Schürze drüber — jetzt setze ich anderen Leuten den Stuhl vor die Thüre, wenn ihre Gegenwart mir nicht con — con — (kann auf das Wort „convenirt" nicht kommen) — ist egal, — sie fliegen 'raus!

(Hinter der Scene Clavierspiel wie zu Anfang.)

Pasewalk (verdrießlich). Da geht die Klimperei schon wieder los! (Trällert nervös). „Keine Ruh' bei Tag und Nacht"! (Ruft durch die Seitenthür rechts.) Else! Else! (Spricht.) Immer das Nämliche — sie will die Melodie ihrem Papagei lehren — es ist zum Tollwerden!

Else (mit verweinten Augen, von rechts). Du wünschest, Papa?

Pasewalk (mit Bezug auf die Thränen). Läuft die Gießkanne immer noch?

Else. Und bist Du immer noch so unerbittlich, Papa?

Pasewalk. Unerbittlich! — Ich habe diesem Monsieur Wallberg mein schuldenfreies, vierstöckiges Haus verboten, und wenn er noch einmal meine Marmorschwelle betritt, riskirt er, daß ich ihn die teppichbelegte Granittreppe 'runterfeure — da läßt sich nicht dran tippen.

Else. So gleichgültig ist Dir das Glück Deines Kindes?

Pasewalk. Ein schönes Glück! So'n Farbenkleckser, der nichts ist und nichts hat! In meine Salons will ich Epauletten und Orden sehen, aber keine Oelflecke.

Else. Hast Du mich nur gerufen, um mir das zu sagen, dann will ich mich lieber zu meinem Piano flüchten...
(Will fort.)

Pasewalk (hält sie zurück). Um Himmelswillen! (Nimmt ein Buch vom Tisch.) Du kannst mir hier ein bischen was vorlesen, (für sich) während der Zeit kann sie wenigstens nicht spielen. — (Oeffnet das Buch.) Was ist denn das?

Else. Heine's Buch der Lieder.

Pasewalk. Buch der Lieder? Es sind ja keine Noten drin! (Liest.) „Der Wind zieht seine Hosen an — die weißen Wasserhosen" — (Spricht.) Schöne Sachen liest Du! Das ist ja nett! (Blättert um und liest.) „Ein Jüngling liebt ein Mädchen, — Die hatt' einen Andern erwählt — Der Andre liebt' eine Andre — Und hat sich mit dieser vermählt." — (Spricht.) Schöner Kuddel=Muddel! Paßt sich das für eine zukünftige Baronesse? Weiße Wasserhosen!

Friederike (von rechts). Richtig! Da steht er wieder und piesackt das arme Geschöpf mit seinen hochfliegenden Plänen. (Zu Else.) Geh, mein Kind, die Modistin ist da, Du sollst die neue Robe anprobiren.

Else. Ja wohl, Mama!

Pasewalk. Du kannst die neue Robe gleich anbehalten, der Kunsthändler schickt mir noch heute einen Maler, der Dein Bild machen soll.

Else (in Thränen ausbrechend). Ja wohl, Papa! (Schluchzend ab.)

## 4. Scene.

**Pasewalk. Friederike. (Dann) Dörthe.**

Friederike. Was hat's denn wieder gegeben?

Pasewalk. Was es immer giebt: das Mädchen hat keinen Ehrgeiz, das strebt bei der Alles wieder nach unten.

Friederike. Na, so laß sie doch; als Schlächtertochter —

Pasewalk. Weib, falle mir nicht immer so fürchterlich in unsere trichinöse Vergangenheit zurück! Na ja, ich war Schlächter, ich leugne es nicht, ich habe manchem Schwein die Last des irdischen Daseins abgenommen und seine bessere Hälfte in den Rauchfang gehängt, wo er am tiefsten ist. Aber das sind tempi peccavi, ich bin jetzt ein gemachter Mann; ich habe Geld, ich habe —

Friederike (einfallend). 'nen Vogel.

Pasewalk (blickt auf sein Knopfloch). Noch nicht, aber der kommt auch noch. Ich habe höhere Pläne mit dem Mädchen. Ich habe einen Baron für sie in Aussicht.

**Friederike.** Und davon erfahre ich gar nichts?

**Pasewalk.** Weil wir uns Stillschweigen gelobt hatten, der alte Baron und ich; aber Du gehörst ja gewissermaßen zur Familie.

**Friederike.** Schwatze doch keinen Unsinn und sprich endlich!

**Pasewalk.** Also der Herr Baron Erich von Elmenhorst auf Rummelsfelde —

**Friederike.** Auf dessen Gut Du die Hypothek hast —

**Pasewalk.** Dreihunderttausend Mark.

**Friederike.** Die Du ihm noch hinbringen mußtest —

**Pasewalk.** Weil er wegen eines Gichtanfalles das Gut nicht verlassen konnte. Ein sehr freundlicher, netter Herr, der alte Baron; er lud mich zu Tische, und beim Essen erzählte er mir, daß er das Gut demnächst seinem Neffen Kurt übergeben will, der vorläufig noch als Premier=Lieutenant in Potsdam steht, aber seinen Abschied nimmt, und daß er eine Frau für Kurt sucht.

**Dörthe** (tritt leise, eine Zeitung in der Hand, aus der zweiten Seitenthür links und sagt für sich). Da sind sie Beide! Am Ende kann ich jetzt dem Fräulein den Brief geben. (Will sich nach rechts schleichen.)

**Pasewalk** (ohne Dörthe zu bemerken, fortfahrend). Ich hatte schon was im Kopfe und warf so hin: Sie suchen eine Frau für Ihren Neffen und ich suche einen Mann für meine Tochter — haha! (Wendet sich und sieht Dörthe.) Was hast Du denn hier zu suchen?

**Dörthe** (verlegen, verbirgt den Brief). Ich — ich — die Zeitung ist gekommen.

**Pasewalk.** Na, dann lege sie hin und beehre uns mit Deiner Abwesenheit!

**Dörthe** (für sich). Er sprach von einem Mann für seine Tochter, da heißt's die Ohren spitzen — (legt die Zeitung auf den Tisch und geht durch die Mitte ab).

**Friederike.** Nun, und was antwortete der Baron?

**Pasewalk** (Dörthe nachsehend). Warte 'mal einen Augenblick — (schleicht sich leise an die Thür und öffnet dieselbe rasch; man sieht Dörthe in horchender Stellung). Ob ich mir's nicht dachte! Was willst Du denn noch?

**Dörthe.** Mein Wischtuch war mir runtergefallen. (Rasch ab.)

**Pasewalk.** Die Dienstboten heutzutage! — Also der Baron

besann sich etwa fünf Minuten — wir waren gerade beim Braten — dann sagte er — (stockt).

Friederike (ungeduldig). Na, was denn?

Pasewalk. Langen Sie mir 'mal die Preißelbeeren 'rüber — sagte er — „bitte" —

Friederike. Sagte er —

Pasewalk. Nee, das sagte ich; so gab ein Wort das andere, schließlich wurden wir einig, ich sollte Else's Protrait nach Rummelsfelde schicken, daß er sie erst 'mal überhaupt sieht.

Friederike. Deshalb also die Malerei! Eine Photographie hätte es auch gethan, dann wäre das ganze Malheur nicht passirt.

Pasewalk. Zum Photographen geht jede Köchin; eine Pasewalk verlangt einen Künstler.

Friederike. Na also; so gieb ihr doch den Künstler!

Pasewalk. Fängst Du schon wieder an?! Ich sage Dir, der Oelfritze kommt mir nie wieder über meine Mamorschwelle, oder er liegt eine Stunde später mit geknickte Vorderläufe in der Thierarzneischule — und damit Basta! Dixi und salami! (Ab links.)

Friederike. Drohe Du nur, alter Haustyrann; ich nehme den Kampf mit Dir auf! Und wenn Du nicht wissen solltest, was es heißt, wenn man der Löwin ihr Junges rauben will, dann — dann — laß Dir das von Bodinus sagen! Und damit auch Salami! (Ab rechts.)

### 5. Scene.

Toni. (Dann) Else. (Dann) Dörthe.

Toni (tritt in Straßentoilette rasch und erregt durch die Mittelthür).

### Nr. 2. Auftritts-Lied.

(Rondeau.)

Himmel, welch ein Abenteuer,
O, wie zittert mir das Herz!
War das der ersehnte Freier,
Oder ist's ein dreister Scherz?
 Ich mich um die Ecke beugend,
 Junger Mann sich plötzlich zeigend,
 Ich den Lauf ein wenig hemmend,
 Er das Glas in's Auge klemmend,

Ich den Schritt beflügelnd cito,
Er natürlich flügelt dito,
Ich mein Taschentuch verlierend,
Er es höflich apportirend,
Ich erröthend darauf harrend,
Er ein „Bitte Fräulein" schnarrend,
Ich, vor Schrecken nun erblassend, —
Und das Taschentuch ihm lassend,
Weiter, wie ein Pfeil vom Bogen,
Athemlos treppauf geflogen.
Gäb' was d'rum, wenn ich nur wüßt'
Wer der Herr gewesen ist,
Schien aus einem großen Haus,
Sah recht unzufrieden aus,
Täuscht nicht sehr mich mein Gefühl,
War's ein Lieutenant in Civil.
Himmel, welch ein Abenteuer,
Und wie zittert mir das Herz!
War das der ersehnte Freier,
Oder ist's ein dreister Scherz?

(Blickt durch's Fenster.) Er hat meine Spur verloren; er ist fort und das Taschentuch mit ihm. Am Ende trägt er es schon auf dem Herzen. Das Komische ist, daß es nicht einmal mein Taschentuch war; ich hatte, als ich ausging, eins von Else zu mir gesteckt. (Oeffnet das Fenster ein wenig und lugt hinaus.) Spurlos verschwunden! (Schließt das Fenster und kommt nach vorn.) Es ist vielleicht besser so! Es war ein schöner Mann, elegant und galant — jedenfalls ein höherer Offizier, und ich? — Gesellschafterin im Hause eines verflossenen Schlächters; Geld wie Heu, aber die Tausendmarkscheine duften nach Schmalz — es ist schrecklich!

Else (in eleganter Toilette von rechts, weinerlich). Toni, sind Sie endlich da?

Toni. Elschen? Schon wieder rothgeweinte Aeuglein; Sie gehen ja ganz aus dem Leim bei all der Feuchtigkeit.

Else. Denken Sie sich, Papa hat einen andern Maler bestellt, der mich portraitiren soll.

Toni. Das war vorauszusehen — bei der Dickköpfigkeit! — Sie lieben wohl Ihren Wallberg sehr?

Else. Ich denke immer und immer nur an ihn!

Toni. Ein Maler — das wäre, aufrichtig gestanden,

nicht mein Genre. Mir schwebt im Geiste vor eine Mischung von blanken Knöpfen, rasselnden Säbeln, waschledernen Handschuhen und dienstlichen Meldungen.

Else. Wenn Sie durchaus einen Militär heirathen möchten, dazu haben Sie ja in Berlin Gelegenheit genug.

Toni. Was nützt mir die Gelegenheit, wenn ich sie nicht kriege? Hier in's Haus kommt ja doch keiner.

Else. Das ist auch ein wahres Glück, denn Papa würde sich den Herren gegenüber nur Blößen geben.

Toni. Erlauben Sie, vor jedem faux pas würde ihn mein angeborenes gesellschaftliches Genie bewahren. Wenn ich die Honneurs machte, sollten Sie was erleben — flott! (Schnalzt mit den Fingern.) Die ganze Garnison sollte nur vom „Cercle Pasewalk" reden, und beim nächsten Rennen würde jedes Pferd „Toni" heißen — nach mir.

Dörthe (öffnet die Mittelthür, sieht sich vorsichtig um und hält dann ein Billet hoch). Pst! Fräulein Else! Von ihm! (Schließt wieder die Thür.)

Else (freudig). Ah! (Rasch ab durch die Mittelthür.)

## 6. Scene.

**Toni.** (Dann) **Pasewalk.** (Dann) **Dörthe.**

Toni. Ein billet doux! Balsam=Tropfen auf das wunde Herz! (Setzt sich an den Tisch und nimmt mechanisch den Band Heine zur Hand, den sie aufschlägt). Heine — Else's Lieblingspoet. (Liest.)
„Das war eine wilde Wirthschaft,
Kriegsvolk und Landesplag',
Sogar in Deinem Herzchen
Viel Einquartierung lag" —

(Wiederholt langsam und sinnend.) „Sogar in Deinem Herzchen viel Einquartierung lag" — (Spricht.) Das ist für die Ewigkeit gemacht!

Pasewalk (kommt, für sich). Ich muß hier meine Zeitung haben liegen lassen — (Sieht Toni.) Ah, Tonchen!

Toni (kalt). Guten Tag, Herr Pasewalk!

Pasewalk. Na, mein Mausekeu, wie geht's?

Toni. Bleiben Sie in den natürlichen Grenzen! Wenn Sie auch aus unseren entfernten verwandtschaftlichen Beziehungen das Recht herleiten, mich zu duzen, bin ich deshalb doch noch lange nicht Ihr Mausekeu.

Pasewalk. Warum denn so mopsig heute? Fehlt Dir hier Etwas? Du weißt ja, mit mir kannst Du immer von der Leber wegreden.

Toni (mit Beziehung). Wenn man auch mit Ihnen nicht von der Leber reden könnte — mit wem sonst?

Pasewalk (für sich). Sie stichelt! Aber ein paar Augen hat das Mädchen, da läßt sich nicht dran tippen.

Dörthe (kommt). Ein Herr fragt nach Ihnen.

Pasewalk. Wie heißt er?

Dörthe. Das hat er nicht gesagt. Es scheint ein sehr feiner Mann zu sein. Er sieht aus wie ein Baron.

Pasewalk (electrisirt). Wie ein Baron —?

Dörthe. Im Knopfloch hat er was Rothes —

Pasewalk. Ein Baron mit was Rothes? Und ich bin noch im Schlafrock. — Empfange Du ihn, Toni; ich komme gleich! (Eilt an die Seitenthür).

Toni. Ich?

Pasewalk. Du wirst Dich doch vor einem Baron nicht fürchten? (Ab.)

Toni (achselzuckend). Fürchten? Ich würde selbst vor einem Grafen nicht zurückschrecken. (Zu Dörthe.) Laß ihn eintreten!

Dörthe (für sich, mit Bezug auf das Fenster). Heute wird's wohl mit dem Rouleau-Herunterlassen nichts werden! (Sie öffnet die Mittelthür, läßt Lux eintreten und geht ab.)

## 7. Scene.

### Toni. Lux. (Später) Pasewalk.

Lux (ist sehr elegant gekleidet, trägt militärisch kurze Frisur, hinten gescheitelt, wohlgepflegten Schnurrbart. Er macht in seinem ganzen Wesen den Eindruck eines Offiziers in Civil. Im Knopfloch hat er ein rothes Nelkenblatt. Einen Ueberzieher, den er über'm Arm trägt, legt er auf einen Stuhl im Hintergrunde. Er verneigt sich beim Eintreten sehr vornehm an der Thür und kommt dann nach vorn).

Toni (den Gruß erwidernd, für sich). Himmel, mein Taschentuchmann!

Lux. Mein gnädiges Fräulein, ich schätze mich unendlich glücklich —

Toni (für sich). Ein vollendeter Cavalier! Jeder Zoll ein Lieutenant!

Lux. Ich weiß nicht, wie Sie mein Eindringen in dieses Haus beurtheilen; sollten Sie mir zürnen, so werden Sie gewiß

Nachsicht üben, wenn ich versichere, daß ich dieses Wagniß einem Engel zu Liebe unternahm, welcher — —

Pasewalk (im Oberrock). Da bin ich schon. Entschuldigen Sie, mein Herr!

Lux (verneigt sich sehr vornehm). Mein Herr! (Für sich.) Scheußliche Unterbrechung!

Toni (für sich). Gerade sollte das Schönste kommen!

Pasewalk. Laß uns allein, mein Kind!

Lux (für sich). Sein Kind? Ich bin orientirt!

Toni (für sich). Wie mir das Herz klopft! Vielleicht im nächsten Augenblicke schon sollen sich diese beiden Kammern — (auf's Herz deutend) über Annahme eines lebenslänglichen Militär-Etat's entscheiden. (Nach Begrüßung mit Lux ab rechts.)

## 8. Scene.

**Pasewalk. Lux. (Dann) Toni.**

Lux (sich noch einmal verneigend). Ich habe die Ehre, Herrn Pasewalk?

Pasewalk (für sich). Pikfeiner Mann! (Laut.) Mein Name ist Pasewalk. Darf ich bitten, auf diesen geschnitzten Nußbaum-Fauteuil mit Damast-Ueberzug Platz zu nehmen? (Rollt einen Fauteuil etwas vor.)

Lux. Sie erlauben, daß ich mich zunächst vorstelle: mein Name ist Lux.

Pasewalk. Lux, kurzweg? (Geste.)

Lux (dieselbe Geste). Lux, kurzweg.

Pasewalk (merklich kühler). Also, Herr Lux kurzweg, was verschafft mir die Ehre? (Für sich, nachdem er Lux's Knopfloch genauer betrachtet.) Es ist 'ne Nelke — (rollt den Fauteuil mit dem Fuße wieder an seinen Platz).

Lux. Ihr Fräulein Tochter hatte das Unglück, ihr Taschentuch zu verlieren, ich dagegen das Glück, es zu finden. Hier ist es. (Giebt ihm ein anscheinend kostbares Spitzentuch.)

Pasewalk (das Tuch besehend, freundlicher). Wahrhaftig, ein Tuch von meiner Tochter; vom letzten Weihnachten; ächte Brüsseler Kante! Und das haben Sie gefunden? (Dreht den Fauteuil wieder nach vorn.) Nehmen Sie doch Platz, Herr — Herr —

Lux. Lux, Theodor Lux; Reisender des Hauses Spohn und Compagnie in chemisch geprüften, reinen Natur-Weinen.

**Pasewalk** (für sich). Ein ungegypster Wein=Reisender! (Schiebt den Fauteuil wieder fort.) Reisen Sie schon lange in diese Flüssigkeit?

**Lux.** Seit drei Jahren? Ich würde mich sehr glücklich schätzen, einen Mann von Ihrer contemplativen Subjektivität zu meinen Kunden zählen zu dürfen. Darf ich Ihnen meinen Preiscourant überreichen?

**Pasewalk** (geschmeichelt, für sich). Drückt sich sehr nobel aus, der junge Mann. (Laut.) Na, lassen Sie man Ihren Preiscourant sehen!

**Lux.** Mit Vergnügen. (Greift in die Seitentasche.)

**Toni** (erscheint à tempo in der Seitenthür links, Lux will grüßen, Toni winkt ihm, zu schweigen, und geht auf die entgegengesetzte Seite zu.)

**Lux** (für sich). Was mag das bedeuten? — (Zieht, da er auf Toni achtet, statt des Preiscourants ein elegantes Schildpatt= Cigarren=Etui aus der Seitentasche und reicht es abgewandt Pasewalk hin, indem er sagt.) Bitte!

**Pasewalk** (das Etui nehmend, wobei sein Blick auf ein Wappen in Golddruck fällt, das auf dem Etui sich befindet; für sich). Nanu? Was ist denn das? Das sieht ja wie ein Wappen aus, und darunter K. von E? (Betrachtet das Wappen.)

**Toni** (ab.)

**Lux** (für sich). Das Mädchen ist bezaubernd!

**Pasewalk** (hat das letzte Wort gehört). Bezaubernd? Wer?

**Lux** (sich fassend, zeigt auf einen Spiegel). Der Spiegel!

**Pasewalk.** Ja, es ist ein Prachtstück! Kostet ohne Glas und Rahmen zweitausend Mark.

**Lux** (bemerkt das Etui in Pasewalk's Händen). Ah, ich habe mich wohl vergriffen, Pardon! (Sucht in den Taschen.) Wo habe ich den Preis=Courant nur?

**Pasewalk** (auf das Etui deutend). Was ist denn das für ein Wappen?

**Lux.** Das Wappen der Barone Elmenhorst.

**Pasewalk.** Auf Rummelsfelde?

**Lux** (spricht das Nachfolgende abgebrochen, indem er dabei immer in den Taschen sucht). Ganz recht; der Baron Kurt von Elmen= horst war mein Lieutenant in Potsdam — ich stand als Ein= jähriger bei den rothen Husaren — als ich austrat, schenkte er mir dies Etui zum Andenken. — Wahrscheinlich steckt der Preis= Courant im Ueberzieher. Sie entschuldigen! (Geht nach dem Hintergrunde und untersucht die Taschen des Ueberziehers.)

**Pasewalk** (während dessen für sich). Ein Lieutenant, der einem commis voyageur ein Andenken mit seinem Wappen schenkt — das ist ein bischen unwahrscheinlich! (Von einem Gedanken erfaßt.) Herr des Himmels! Wenn es der Baron selber wäre! (Betrachtet Lux von der Seite.) Dieser Chic! Die Noblesse! Das ganze sa — sa — savoir! Es wird schon so sein! Da ich das Bild nicht geschickt, kommt er in calico, um sich das Mädchen anzusehn. Nun heißt's schlau sein und sich nichts merken lassen. Der Preis-Courant ist jedenfalls eine Finte.

**Lux** (nach vorn kommend). Bedaure unendlich, Herr Pasewalk, ich muß den Preis-Courant im Hôtel haben liegen lassen.

**Pasewalk** (für sich). Aha!

**Lux.** Aber ich hole ihn sofort!

**Pasewalk** (schiebt einen Fauteuil vor). Das hat ja Zeit. (Einladende Geste zum Sitzen.)

**Lux** (ablehnend). Nein, ich danke sehr!

**Pasewalk** (den Fauteuil noch näher schiebend). Nee, diesmal bleibt er stehen! Bitte! (Beide setzen sich.) Erzählen Sie mir 'mal, woher Sie wußten, daß das Tuch meiner Tochter gehört!

**Lux.** Es fiel dem Fräulein aus der Hand, als sie hier in's Haus trat.

**Pasewalk.** Und wie gefällt Ihnen das Mädchen?

**Lux.** Gefallen ist nur ein schwacher, unvollkommener Ausdruck für die Ekstase, in welche der Anblick dieser wunderbaren Erscheinung mich versetzt hat.

**Pasewalk** (lachend). Also richtig, was man sagt, „verschossen"!

**Lux.** In des Wortes verwegenster Bedeutung! (Für sich.) Das ist ja ein urgemüthliches, altes Haus!

**Pasewalk** (für sich). Nu werd' ich mal'n bischen auf'n Busch klopfen. (Laut.) Am Ende folgten Sie meiner Tochter blos in's Haus, um das Mädchen näher kennen zu lernen?

**Lux.** Es wäre dies jedenfalls mein sehnlichster Wunsch.

**Pasewalk.** Ohne daß meine Frau und meine Tochter was merken.

**Lux.** Wenn das sich ermöglichen ließe — (für sich) der Mann ist ja unheimlich liebenswürdig.

**Pasewalk.** Ich ermögliche Alles! Wissen Sie was, ich habe schon immer davon gesprochen, daß ich mir einen Privatsekretär engagiren will, bleiben Sie in meinem Hause als Privatsekretär!

**Lux.** Privatsekretär? (Für sich.) Ich riskire meine gegenwärtige Position; aber was thäte ich nicht, um in der Nähe des holden Mädchens zu bleiben! (Laut.) Wie lange soll das Engagement dauern?

Pasewalk. So lange es Ihnen gefällt.

Lux (die Hand bietend). Ein Mann — ein Wort!

Pasewalk (einschlagend). Ein Mann — ein Wort! — Fahren Sie gleich nach dem Hôtel und holen Ihre Sachen, Sie können schon zu Mittag bei uns essen, wir präpeln einen feinen Happen.

Lux. Sie sind wahrhaftig zu freundlich.

Pasewalk (klopft ihm auf die Schulter). Für so einen Privat= sekretär kann man schon ein Uebriges thun. (Schelmisch drohend.) Lux — Fuchs — das wird ein Jux — (lacht aus vollem Halse).

Lux (lacht, ohne zu verstehen, aus Gefälligkeit mit; für sich). Jux? Sollte er unsern Chateau Margaux meinen? (Laut.) Auf Wiedersehen also!

Pasewalk. Wird mir eine große Ehre sein.

Lux (vornehm). Meinerseits! Good morning! (Ab Mitte.)

## 9. Scene.

**Pasewalk.** (Dann) **Dörthe.** (Dann) **Else.**

Pasewalk (lustig). Morning! Morning! Very well! Very good! All right! (Drückt auf den Knopf des Telegraphen, man hört das elektrische Klingeln.)

Dörthe (einen Putzlappen in der Hand, tritt à tempo ein). Sie wünschen?

Pasewalk. Du bist ja so schnell hier? Hast wohl wieder an der Thüre gestanden?

Dörthe. Ich putze die Schlösser.

Pasewalk. Bring' mir meinen Hut und Stock! Rasch!

Dörthe (freudig für sich). Er geht aus! (Laut.) Gleich, Herr Pasewalk! (Schnell ab.)

Pasewalk (sich blähend). Schwiegervater eines Barons! In mir regt sich bereits das Blut seiner Ahnen! Mehrzackiger Stammbaum — Crême der Gesellschaft — Jockey=Club — Tattersall — Kreuzzeitung! Ich muß ein bischen in die Luft, sonst schnappe ich über!

Dörthe (kommt mit Stock und Hut).

Pasewalk (den Hut aufsetzend). Apropos: sage meiner Frau, daß wir 'nen Gast zum Mittagessen haben! (Geht auf die Mittelthür zu.)

Dörthe. Schön, Herr Pasewalk!
(In dem Moment, wo er die Mittelthür öffnet, um hinauszugehen, kommt Else durch die Seitenthür.)
Else. Du gehst aus, Papa?
Pasewalk. Wie Du siehst!
Else (freudig für sich). Endlich! (Laut.) Adieu, Papa!
(Pasewalk durch die Mitte ab. Else seitwärts ab.)

## 10. Scene.

Dörthe. (Dann) **Pasewalk**. (Dann) Toni. (Dann) **Wallberg**. (Zuletzt) Lanzke.

Dörthe. Nun rasch meinem Wilhelm das Zeichen: er wird schon darauf lauern! (Läßt das Rouleau herab.)
(Hinter der Scene hört man die Melodie „Auf in den Kampf, Torero", auf dem Clavier.)
Pasewalk (tritt nach einer kleinen Pause ein).
Dörthe (stößt bei seinem Anblick einen leisen Schrei der Ueberraschung aus).
Pasewalk. Ich werde lieber den Regenschirm nehmen; er muß hier wo stehen.
Dörthe. Den Regenschirm? Es ist ja der schönste Sonnenschein. (Sucht den Schirm und wirft dabei ängstliche Blicke nach dem Fenster und nach der Thür.)
Pasewalk. Eben darum! Wenn ich keinen Schirm habe, regnet's immer; ich will verhindern, daß das Wetter umschlägt.
Dörthe. Hier ist der Schirm.
Pasewalk (den Schirm besehend). Ein ganz neuer Schirm; bei Regenwetter ist er mir noch zu schade!
Toni (von links, für sich). Der Fremde ist fort! (Laut.) Herr Pasewalk, was wollte denn der Herr, der eben hier war?
Pasewalk (sie foppend). Er hat um Deine Hand angehalten.
Toni. Ah! (Fällt mit einem Schrei in Dörthes Arme.)
Dörthe. Die Freude bringt ihr um!
Pasewalk (wird jetzt auf das Clavier aufmerksam). Endlich eine neue Melodie! (Trällert.) „Auf in den Kampf, Torero!" (Will durch die Mitte ab.)
Wallberg (kommt trällernd durch die Mitte). „Auf in den Kampf, Torero!" (Für sich.) Ich komme zu früh.

Pasewalk (wüthend). Herr, Sie unterfrechen sich? Was wollen Sie hier noch?

Wallberg. Nur von Ihnen hören, ob Sie vernünftig geworden sind.

Pasewalk (wüthend, indem er den Schirm schwingt). Nie!

Wallberg. Sie wollen also den Krieg?

Pasewalk. Bis auf's Messer! (Fuchtelt ihm mit dem Schirm vor der Nase herum.)

Wallberg. Angenommen! — Sieg oder Tod! (Entreißt ihm den Schirm und eilt durch die Mitte ab.)

Pasewalk (außer sich). Herr, mein neuer Regenschirm! (Eilt ihm nach.)

Lanzke (ein sehr corpulenter Feuerwehrmann, tritt à tempo durch die Mitte ein; sie caramboliren: er hebt das Bein und markirt, daß Pasewalk ihn getreten habe.)

Pasewalk (der einen Stoß vor den Magen bekommen hat, krümmt sich ächzend).

Wallberg (öffnet die Mittelthür und droht mit dem Regenschirm).

Dörthe (hat bei dem Zusammenprall der Männer laut aufgeschrieen und stürzt ohnmächtig in Tonis Arme, die sich bei dem Zusammenprall erschreckt erhoben hatte. Das Clavierspiel hinter der Scene dauert fort. Das Orchester setzt fortissimo mit der Melodie „Auf in den Kampf, Torero" ein. Die letzte Scene muß sehr rasch gespielt werden.)

(Der Zwischen-Vorhang fällt.)

## Verwandlung.

## 2. Bild.

(Elsens Boudoir. Im Vordergrunde rechts ein Clavier, weiter zurück eine Staffelei mit Carton. Neben der Staffelei auf einem Tischchen Palette, Pinsel ꝛc. Möbel nach Bedarf, ebenso Thüren. Käfig mit Papagei.)

### 1. Scene.

### Else. (Dann) Toni.

Else (kommt, nachdem der Vorhang aufgegangen, aus der Seitenthür links, eilt an die Seitenthür rechts und guckt durch's Schlüsselloch). Was ist das? Papa hat den Silberkasten herausgeholt und polirt eigenhändig die Messer und Gabeln blank? Sollten wir Gäste zu Tisch haben? (Hört kommen, stößt einen Schrei aus.)

Toni (durch die Mitte). Lassen Sie sich nicht stören, eine gute Tochter muß ihren Vater stets vor Augen haben!

Else. Ach, Toni, es ist doch wohl Unrecht, den Papa so zu hintergehen?

Toni. Zwingt er Sie nicht dazu durch seine Härte? Im Vergleich zu ihm ist ja ein ungarischer Stuhlrichter ein barmherziger Bruder.

Else. Ja, Papa ist wirklich recht hart, dennoch wird's ihm wenig nützen, ich werde doch Wallbergs Frau. Hier hab' ich's schwarz auf weiß von ihm. (Zieht ein Billet hervor.)

Toni. Sie Glückliche haben es bereits schriftlich, während vor mir die Zukunft noch verschleiert liegt.

Else (mit dem Billet beschäftigt). Er ist so aufmerksam, so zartfühlend, so zuvorkommend —

Toni. Er ist eben verliebt bis über die Haarzipfel — damit ist Alles gesagt.

Else. Er schreibt mir auch, er rechne darauf, daß wir — trotz Allem, was vorgefallen — das Künstlerfest im Grunewald mitmachen werden.

Toni. Natürlich müssen wir dabei sein.

Else. Aber Papa?

Toni. Muß mit, und wenn wir ihn chloroformirt in den Grunewald schleppen sollen.

Else. Um ganz sicher zu sein, daß wir kommen, schickt er mir eine Rolle, die ich in der Bauernkomödie, welche die Künstler aufführen, spielen soll. (Zieht eine Rolle hervor.) Das thu' ich aber um keinen Preis.

Toni. Weshalb denn nicht?

Else. Ich glaube, ich bekäme vor Angst kein Wort heraus.

Toni. Ich werde Ihnen die Rolle einstudiren; ich habe mehr als einmal auf den weltbedeutenden Brettern des Liebhabertheaters gemimt. (Mit Bezug auf die Rolle.) Was ist es denn für ein Charakter?

Else. Eine Kuhmagd.

Toni (ihr die Rolle aus der Hand nehmend). Na, wenigstens wird Niemand sagen können, daß es der Gestalt an Duft fehlt. (Liest.) „Scene: Bank unter einem Eichbaum". — (Spricht, indem sie auf die Chaiselongue deutet.) Die Bank haben wir hier — und der Eichbaum? (Sieht suchend umher und bemerkt dabei die Staffelei.) Wo kommt denn die Staffelei her?

Else. Der Maler hat sie geschickt, der an Wallberg's Stelle mich portraitiren soll, ein Professor Randow.

Toni. Professor Randow? Das ist ja ein sehr bekannter Name. (Schiebt die Staffelei etwas vor.) Also, das ist der Eichbaum. (Blickt in die Rolle und liest.) „Hannes Tapps sitzt auf der Bank."

Else. Ich trete mit einer Butterstulle in der Hand auf.

Toni. Natürlich: Kuhmägde immer mit Butterstullen. (Giebt ihr die Palette, die neben der Staffelei auf dem Tisch liegt.) Hier — das ist die Stulle, wo Sie sterblich sind. (Liest aus der Rolle.) „Liese, an einem Butterbrot kauend, kommt trägen Schrittes nach vorn; sobald sie Hannes Tapps sieht, macht sie einen Knix und bricht in ein täppisches Gelächter aus." (Spricht.) Nun probiren Sie das, ich werde das Stichwort bringen! (Liest aus der Rolle.) „Dunner und Hogel, is denn dos nich die Liesel, die do kimmt?" (Spricht.) Nun kimmen Sie!

Else (kommt trippelnd nach vorn).

Toni. Falsch! Falsch! Trägen Schrittes — Sie trippeln ja wie ein Backfisch. (Else ist vorn.) Nun den Knix! (Else knixt.) Also so knixen die Kuhmägde? Sie haben ja keine Idee davon! (Giebt ihr die Rolle.) Seien Sie mal Tapps und ich werde Liesel sein! (Schürzt ihr Kleid hoch, kommt in der angedeuteten Weise nach vorn, knixt bäuerisch und lacht hell auf.) Hahaha! (In gewöhnlichem Tone.) Lachen Sie mal so! — (Lacht wieder wie oben.) Hahaha!

Else (lacht). Hahaha!

Toni. Nicht „hahaha" — sondern „hahaha" — im Sopran lacht keine Kuhmagd.

Beide (lachen). Hahaha!

## 2. Scene.

**Else. Toni. Dörthe. (Dann) Pasewalk.**

Dörthe (humpelt eilig durch die Mitte herein. Im Arm hat sie einen Besenstiel, an welchem ein Stück Wachs befestigt ist; am rechten Fuße eine große Bürste, wie man sie zum Frottiren des Zimmers braucht. Sie bleibt, da sie das Lachen hört, einen Augenblick überrascht stehen, dann lacht sie in derselben bäuerischen Manier mit) Hahaha!

Toni und Else (sehen sich überrascht um). Du bist es, Dörthe?

Dörthe. Sie sind ja so vergnügt? (Giebt Elsen einen Brief.) Von ihm! Nummer zwei! Hat Eile!

Else (hat das Billet geöffnet und stößt einen leisen Schrei aus). Ah!

Toni. Was ist denn?

Else. Welche neue Kühnheit! (Zu Toni.) Hören Sie nur!

Dörthe. Ja wohl, ich höre.

Else (liest). „Heißgeliebtes Mädchen" —

Dörthe. So schreibt mein Feuerwehrmann auch immer; der versteht sich auf die Wärmde.

Else (liest). „Professor Randow, der Sie malen soll, tritt zu meinen Gunsten zurück. Ich werde in seiner Maske bei Ihnen erscheinen. Verrathen Sie sich nicht, alles Andere mündlich!"

Toni. Was der Mensch Alles ausheckt! Es ist ja unglaublich!

Dörthe. Nee, so was! Und dabei zieht der Bräutigam von's Fräulein hier in's Haus.

Else (erschreckt). Mein Bräutigam? ⎱ (Zugleich.)
Toni. Was für ein Bräutigam? ⎰

Dörthe (mit Bezug auf die Frottir-Utensilien). Ich bin gerade dabei, das Zimmer für ihn herzurichten. Ihr Vater hatte eben eine sehr aufgeregte Scene mit der Mama; Alles konnte ich nicht hören.

Toni. Das Schlüsselloch war wohl nicht groß genug?

Dörthe (trocken). Nee! (Sehr rasch.) Aber so viel verstand ich, daß Herr Pasewalk den jungen Mann, der vorhin hier war, als Sekretär engagirt hat, das heißt, blos zum Schein, denn es ist gar kein Sekretär, sondern der Bräutigam, der Ihnen schon lange zugedacht ist, Baron Elmenhorst, und wenn Sie ihm gefallen, sollen Sie die Elmenhorsten werden.

Else. Ich soll heirathen? Unmöglich!

Dörthe. Aber, Fräulein, auf meine Ohren kann ich mir verlassen.

Toni. Sie wird schon Recht haben; Ihr Vater war neulich auf dem Gute des Barons Elmenhorst, da wird wohl das Arrangement verabredet worden sein.

Else. Ich gehe zur Mama, die muß mir reinen Wein einschenken. Den Baron nehme ich auf keinen Fall!

Toni. Wir protestiren!

**Dörthe** (den Besen schwingend). Aber feste! (Haben ihre rechten Hände wie zum Schwur ineinander gelegt.)

**Pasewalk** (in Hemdsärmeln von rechts, eine Schürze vorgebunden, in der Hand hat er einen Champagnerkühler, den er mit einem Lappen polirt). Was ist denn hier los?

(Die drei Mädchen stieben erschreckt auseinander. — Else geht durch die Mitte ab.)

**Toni.** Wie können Sie Einen aber auch so erschrecken?

**Pasewalk.** Ich soll wohl anklopfen, wenn ich bei Euch komme?! (Zu Dörthe.) Hol' mal drei Flaschen Champagner aus'n Keller 'rauf!

**Dörthe.** Champagner! (Schnalzt mit der Zunge.)

**Pasewalk** (drohend). Wegen den Feuerwehrmann sprechen wir uns noch.

**Dörthe.** Bitte, Herr Pasewalk, das hat ja keine Eile! (Humpelt rasch durch die Mitte ab.)

**Toni.** Sie haben wohl einen Gast zu Tische?

**Pasewalk** (wohlgefällig schmunzelnd). Hm! Pikfein! Mein neuer Sekretär! Wir können uns das leisten!

**Toni.** Natürlich; Sie sind ja ein gemachter Mann!

**Pasewalk.** Da kann man nicht dran tippen! (Ab.)

### 3. Scene.

**Toni** (allein).

**Toni.** Das also war des Pudels Kern: ein Baron! Der Else wegen kam er, und mich schmachtete er an! „Behüt' ihn Gott — es hat nicht sollen sein!" (Heiter.) Mir ist trotz alledem so hoffnungsvoll, so vertrauensselig zu Muthe — ist es nicht Der, ist's ein Anderer!

### No. 3. Lied.

Wie der Sang der Lerche klingt es
Hell und heiter mir im Ohr,
Und in meinem Herzen singt es
Wie ein ganzer Jubelchor.
Junge, frühlingswarme Triebe
Fühl' ich durch die Seele gehn,
Ja, ich glaube fast, ich liebe — —
Aber ach, ich weiß nicht, wen.

Denn nicht einsam zu verblühen
Hat das Schicksal mir bestimmt,
Einer wird für mich erglühen,
Einen giebt es, der mich nimmt.
Einer wird an's Herz mich drücken
Als mein liebevoller Mann,
Einen werde ich beglücken — —
Aber ach, ich weiß nicht, wann.

In den Sternen steht's geschrieben,
Und ich les' es hell und klar,
Einen werd' ich wieder lieben
Und ihm folgen zum Altar.
Und von meiner Hochzeitsfeier
Träum' ich täglich sehnsuchtsfroh,
Ja, es lebt für mich ein Freier — —
Aber ach, ich weiß nicht, wo.

(Ab links.)

## 4. Scene.

**Else. Wallberg. (Dann) Toni.**

(Else kommt mit Wallberg, der Randows Maske hat: graue Perrücke ꝛc., durch die Mitte.)

**Else** (vorangehend). Werden Sie nun endlich die Güte haben, mir zu sagen, wer Sie sind, und was Sie hier wünschen?

**Wallberg** (mit verstellter Stimme). Wünsche Pasewalk zu sprechen. Wo ist der Geldsack?

**Else** (indignirt). Mein Herr, Sie sprechen von meinem Vater!

**Wallberg.** Geldsack ist keine Beleidigung! Also Tochter? (Wohlgefällig schmunzelnd.) Hübsche Tochter! — Wahre Spitzbubenaugen! Kleiner Schelm — wie?

**Else** (kurz, zur Thür gehend). Wen soll ich melden?

**Wallberg.** Professor Randow; hab's übrigens dem Mädchen draußen schon gesagt.

**Else** (steht einen Moment ganz perplex). Randow?? Dann wären Sie ja — wär's möglich?

**Wallberg** (mit natürlicher Stimme). Elschen!

**Else** (aufjubelnd). Theobald! (Macht Miene, ihm an den Hals zu fliegen, bleibt auf halbem Wege stehen.)

Wallberg. Na? Geniren Sie sich nicht!

Else. Wir sind ja noch nicht verlobt; ich schreibe Ihnen eine Umarmung zu Gute.

Wallberg. Das Creditgeben an Minderjährige ist verboten. (Will sie küssen, sie sträubt sich.)

Toni (eintretend, mit dem Finger drohend). Anständig, junger Mann, anständig! (Wallberg läßt Else los.)

Else (für sich). Das kommt davon, wenn man sich zu lange sträubt!

Wallberg (grüßt). Fräulein Toni! Sie haben mich sofort erkannt?

Toni. An der Stimme! Die Maske ist brillant! Ich glaube, Sie könnten zur Noth auch einen Schauspieler abgeben.

Wallberg. Aber nur zur Noth!

Pasewalk (hinter der Scene). Bei meiner Tochter ist er?

Else (ängstlich zu Toni). Der Papa! Mir ist so ängstlich! Bleiben Sie bei mir!

Toni (singt aus „Maurer und Schlosser").
„Nur Courage, nicht verzagen,
Treue Freunde sind Dir nah!"

## 5. Scene.

### Vorige. Pasewalk.

Pasewalk (der während des Singens eingetreten, zu Randow). Ich habe die Ehre, Herrn Professor —

Wallberg (ohne auf Pasewalk zu achten, barsch zu Else). Abscheuliche Haartracht! Was haben Sie denn für einen Esel von Friseur?

Else (ängstlich). Ich frisire mich selbst.

Pasewalk (wie oben). Ich habe die Ehre, Herrn Professor —

Wallberg (wie oben). Mit dem Pudelkopf kann ich Sie nicht malen, da müssen Sie sich an einen Thiermaler wenden! (giebt Toni heimlich einen Wink, daß sie hinaus sollen).

Toni (auf Wallbergs Plan eingehend). Ich werde Sie vornehmen; kommen Sie!

Wallberg. Komme mit; werde Ihnen zeigen, wie man einem jungen Mädchen den Kopf zurechtsetzt.

Toni und Else (gehen ab).

Wallberg ((will ihnen folgen).

Pasewalk (vertritt ihm den Weg und sagt schon etwas gereizt).
Ich habe die Ehre, Herrn Professor —?

Wallberg (barsch). Ich bin Randow! Wer sind Sie?

Pasewalk (in demselben barschen Tone). Ich bin Pasewalk!

Wallberg (barsch). Freut mich! (Ab.)

## 6. Scene.

**Pasewalk.** (Dann) **Dörthe.** (Dann) **Wetterhahn.**

Pasewalk (ihm nachrufend, barsch). Mich auch! — (Für sich.) Das ist ja der reine Bullenbeißer! — Die Gröbsten sind immer die Theuersten. 500 Mark, schrieb mir der Kunsthändler, verlangt er für das Portrait. (Nimmt Pinsel und Palette zur Hand und betrachtet Beides.) Man sieht es dem Handwerkszeug gar nicht an, daß das Malen so theuer ist. Aber ich brauche das Bild, der alte Baron muß doch das Mädchen auch sehen.

Dörthe (öffnet die Mittelthür und läßt Wetterhahn eintreten). Der Herr wünscht Herrn Professor zu sprechen. (Ab.)

Pasewalk (Palette und Pinsel in der Hand). Nanu! Ein Gerichtsvollzieher! Was wünschen Sie?

Wetterhahn (ein Aktenbündel unter'm Arm). Nichts weiter, als daß Sie mir zum Arrest folgen.

Pasewalk. Ich — in's Loch?

Wetterhahn. Nur in den Sicherheits=Arrest, bis Sie den Manifestations=Eid geleistet haben, Herr Professor!

Pasewalk. Ach so! (Für sich.) Der hält mich für den Professor. (Laut.) Sie haben wohl 'nen Wechsel?

Wetterhahn. Ueber 500 Mark; mein College, den ich Krankheits halber vertrete, war ja oft genug in der Sache bei Ihnen. (Kramt in seinem Aktenbündel, das er auf einem Tisch im Hintergrunde ausbreitet.)

Pasewalk (für sich). 500 Mark! Gerade soviel, wie das Bild kostet. Wenn ich bezahle, könnte ich gleich zwei Fliegen mit einer Klappe schlagen: erstlich den Bulldogg da drin 'n Bischen gefügiger machen, zweitens meiner Tochter den Wechsel als abschreckendes Beispiel vorhalten, wie es die Herren Künstler treiben.

Wetterhahn (hat den Wechsel gefunden und giebt ihn Pasewalk). Hier ist das Papier!

## 7. Scene.

**Vorige. Wallberg. Else.** (Letztere trägt das Haar jetzt aufgelöst.)

**Pasewalk** (zu Wetterhahn, auf Wallberg deutend). Das ist der Herr Professor.

**Wallberg** (zu Pasewalk). Sind Sie denn noch immer hier? Ich hab's nicht gern, daß man mir auf dem Halse sitzt, wenn ich male.

**Pasewalk** (gereizt). Wenn ich nicht wäre, säße Ihnen jetzt der Herr auf dem Halse! (Zeigt auf Wetterhahn.)

**Wallberg.** Was soll das heißen? Wer ist der Herr? —

**Pasewalk.** Der Gerichtsvollzieher; er hat den Auftrag, Sie einzusperren, wenn der Wechsel hier nicht bezahlt wird.

**Else** (erschreckt). Mein Himmel!

**Pasewalk** (zu Else). Ja, mein Kind, so sind die Herren Maler! Der Gerichtsvollzieher muß ihnen in fremde Häuser nachlaufen, weil er ihrer zu Hause nie habhaft wird. (Zu Wetterhahn, großartig.) Kommen Sie, ich werde für den Herrn zahlen! (ab rechts).

**Wetterhahn** (will folgen).

**Wallberg** (hält Wetterhahn zurück). Warum waren Sie denn nicht in des Professors — (sich verbessernd) in meiner Wohnung am Lützow-Ufer?

**Wetterhahn.** Von da komme ich ja eben her; ein ältlicher Herr, den ich dort antraf — vermuthlich Ihr Herr Bruder, er sah Ihnen sehr ähnlich — sagte mir, daß ich den Herrn Professor hier finden würde.

**Wallberg** (für sich). Der alte Fuchs! Das sieht ihm gleich!

**Pasewalk** (hinter der Scene). Herr Gerichtsvollzieher!

**Wetterhahn.** Komme schon! (Ab.)

## 8. Scene.

**Else. Wallberg.** (Dann) **Randow.**

**Else.** Sie haben Schulden, Theobald?

**Wallberg.** Nicht doch, das ist ein schlechter Witz von Randow; wahrscheinlich ist er dem Gerichtsvollzieher gefolgt, um zu sehen, wie er mich statt seiner beim Kragen nimmt.

**Randow** (steckt den Kopf durch die Mittelthür). Wallberg!

**Wallberg.** Richtig! Da ist er! (Zu Randow.) Hol' Dich der Kuckuck!

Randow. Ist der Wechsel bezahlt?
Wallberg. Ja, Ungeheuer!
Randow. Habe lange nicht so gelacht! (Schließt die Thür. Ab.)

9. Scene.

**Else. Wallberg.** (Dann) **Pasewalk.** (Zuletzt) **Else. Toni.**

Else (lachend). Das scheint ein richtiges Original!
Wallberg. Dafür ist er bekannt! Aber benutzen wir den Moment des Alleinseins —
Else. Zum Malen.
Wallberg. Auch zum Malen; erst aber geben Sie mir den Kuß, den Sie mir vorhin schuldig geblieben sind!
Else (sich flüchtend). Wenn Sie nicht artig sind, rufe ich die Toni.
Wallberg (sie verfolgend). Ihr Herr Papa hat Ihnen eben auseinandergesetzt, wohin das leichtsinnige Schuldenmachen führt.
Else (sich flüchtend). Ich schreie Feuer!
Pasewalk (kommt der sich flüchtenden Else in den Weg — sie läuft, einen Schrei ausstoßend, hinter ihm durch die Seitenthür ab).
Wallberg (Else verfolgend, umarmt statt ihrer den auftretenden Pasewalk).
Pasewalk. Wo brennt's denn?
Wallberg (ihn loslassend). Pardon! (Seine Perrücke abnehmend). Hier brennt's, Schwiegerpapa!
Pasewalk (prallt offenen Mundes zurück). Was? Sie?!
Wallberg. Ereifern Sie sich nicht! Da Sie mir in meiner wahren Gestalt das Haus verboten —
Pasewalk. Das ist niederträchtig!
Wallberg. Bitte! C'est la guerre — oder, da Sie nicht französisch verstehen: im Kriege ist jede List erlaubt.
Pasewalk. Aber nicht das Plündern! Wo haben Sie meinen Regenschirm?
Wallberg. Den bekommen Sie an dem Tage wieder, wo ich mich mit Else verheirathe.
Pasewalk. Da können Sie lange warten!
Wallberg. Desto schlimmer für Sie, denn Sie werden nicht eher Ruhe vor mir haben, als bis ich Ihr Schwiegersohn bin!
Pasewalk. Ehe das geschieht —
Wallberg (ihm in's Wort fallend). Lassen Sie mich ausreden! In allen möglichen Gestalten werde ich Sie verfolgen.

Kommt der Briefträger, bin ich's; klingelt der Milchmann, bin ich's; schreit der Schornsteinfeger: „morgen wird gefegt!" der schwarze Mann bin ich. — Im Restaurant der Kellner, der Sie bedient — auf der Pferdebahn der Schaffner, der Ihr Billet coupirt — im Luft-Ballon der Opitz, der mit Ihnen aufsteigt — ich und immer ich —

Pasewalk (ergreift einen Stock mit sehr elegantem Griff). Herr, wenn Sie nun nicht gleich gehen —

Wallberg. Zwischen uns kein Pardon! Zittre, verblendeter Greis! — Guten Morgen! (Entreißt ihm den Stock und eilt durch die Mitte ab.)

Pasewalk (außer sich). Mein Stock! Schutzmann! (Drückt auf den Telegraphenknopf — man hört das elektrische Klingeln.) Der Mensch treibt Straßenraub im Zimmer — ich lasse ihn — — — aber Ruhe! Ruhe! (Klingelt noch einmal). Dörthe! Dörthe! Wo bleibt denn das Frauenzimmer?

Toni und Else (stürzen auf die Bühne).

Else. Was wünschest Du, Papa?

Toni. Was haben Sie denn? Sie sind ja so aufgeregt. } (Zugleich.)

Pasewalk (schreit). Rache! (Toni und Else schreien erschreckt auf. Pasewalk ab zur Seite.)

## 10. Scene.

**Toni. Else. (Dann) Dörthe. Lux.**

Toni. Diese Erregung! Was mag blos geschehen sein?

Else. Ich fürchte, Papa hatte mit Wallberg eine Scene.

Toni. Schon wieder Thränen in der Stimme? Was haben Sie mir versprochen?

Else. Sie haben Recht, ich will stark sein! Hoffen Sie noch immer auf einen glücklichen Erfolg?

Toni. Mehr, als je! Ich habe mir's nun einmal in den Kopf gesetzt, daß Sie Frau Wallberg werden, und wenn ich selber den Baron heirathen müßte!

Else. Wie gut Sie sind!

Dörthe (öffnet die Mittelthür, läßt Lux ein und spricht dabei). Den Koffer und die Hutschachtel kann ich wohl gleich auf Ihr Zimmer schaffen, Herr Sekretär! (Betont den „Sekretär".)

Lux. Bitte, ja! Wo ist mein Zimmer?

Dörthe. Hier! (Deutet auf eine Thür des Corridors; dann ab.)

Toni (zu Else). Still, unser Gegner! (Sprechen leise weiter, ohne Lux zu beachten.)

Lux. Da wären wir also in unserm neuen Engagement! Ich kann mich von meiner Ueberraschung noch gar nicht erholen. (Sieht die Damen.) Ah, Verzeihung, ich hatte Ihre Anwesenheit nicht bemerkt! (Da die Damen auch jetzt noch nicht auf ihn achten, sagt er für sich.) Sie scheinen mich nicht zu hören. (Lauter, indem er sich ihnen nähert.) Meine Damen! (Kurze Pause, dann sagt er für sich.) Sie ignoriren mich absichtlich! (Sehr laut.) Herr Pasewalk zu Hause?

Toni (sich höchst gelassen nach ihm umwendend). Sprechen Sie mit uns?

Lux (blickt suchend im Zimmer umher). Allerdings! Mit wem sonst?

Else (gleichgültig). Wir hatten Sie nicht bemerkt.

Lux (empfindlich zu Toni). Mein Name ist —

Toni. Bitte, thut nichts zur Sache!

Lux (zu Else). Ich heiße —

Else. Ich bin durchaus nicht neugierig.

Lux. Ich komme, wie es scheint, den Damen ungelegen.

Toni. Sie — ungelegen? Wie können Sie glauben? Ein so rücksichtsvoller, junger Mann, der sich unter so seltsamen Umständen in eine friedliche Familie einführt —

Else. Um sich einem Mädchen aufzudrängen —

Toni. Einem Mädchen, das nichts für ihn fühlt —

Else. Aber auch gar nichts —

Toni. An uns ist es vielmehr, uns zurückzuziehen —

Else. Um Ihnen den Platz zu räumen —

Lux (der mit wachsender Ueberraschung bald Toni, bald Else angesehen.) Erlauben Sie!

Toni (mit spöttischer Verneigung). Herr Sekretär?

Else (ebenso). Herr Sekretär?

Beide (sich tief verneigend). Wir haben die Ehr'! (Laut lachend ab.)

## 11. Scene.

### Lux. (Dann) Pasewalk.

Lux (sieht perplex den Mädchen nach). Das ist ja ein seltsamer Empfang! Ist dies das freundliche, liebenswürdige Wesen von heute Morgen? Wer mag nur die Andere sein mit dem aufgelösten Haar?

**Pasewalk** (eintretend). Entschuldigen Sie, mein lieber Herr — — wie war doch gleich der Name?
**Lux.** Lux!
**Pasewalk** (schlau lächelnd). Immer noch Lux?
**Lux.** Immer noch Lux!
**Pasewalk** (bei Seite). Der ist zähe! (Laut.) Entschuldigen Sie, daß ich Sie warten ließ!
**Lux.** Die Zeit ist mir nicht lang geworden; ich hatte hier Gesellschaft, zwei liebenswürdige Damen, Ihr Fräulein Tochter und — —
**Pasewalk.** Die Andere ist die Toni, die Gesellschafterin meiner Tochter.
**Lux.** Ach so, die Dame mit dem aufgelösten Haar ist die Gesellschafterin?
**Pasewalk.** Nicht doch; die Aufgelöste ist meine Tochter, die Gesellschafterin ist die Andere.
**Lux** (für sich). Alle Wetter!
**Pasewalk.** Es ist 'ne entfernte Verwandte — aus Prenzlau — 'ne elternlose Waise — wir nahmen sie in's Haus als Gesellschafterin, damit das Kind einen Namen hat. Sie ist übrigens nicht ganz mittellos, sie hat 50,000 Mark geerbt — — aber kann ich Ihnen nicht jetzt Ihr Zimmer zeigen?
**Lux.** Wenn Sie die Güte haben wollen? (Für sich.) Also Gesellschafterin ist sie hier, da heißt's schlau operiren. Merkte der Alte, daß ich nicht seiner Tochter wegen hier bleibe, — dann hätte das Vergnügen wohl bald ein Ende.

### 12. Scene.

**Vorige. Dörthe.** (Dann) **Kurt von Elmenhorst.**

**Dörthe** (durch die Mitte, eine Teig-Rolle in der Hand, wie man sie zum Breitwalken des Nudelteigs verwendet). Es ist schon wieder Einer da, der Sie sprechen muß; fortwährend wird man gestört.
**Pasewalk.** Ich habe jetzt keine Zeit.
**Dörthe** (ärgerlich). Ich auch nicht. Er sagt, es wäre sehr dringend!
**Pasewalk.** Dann laß ihn hier eintreten, er soll warten! (Ab mit Lux, mit welchem er an der Thür streitet, da Jeder dem Andern den Vortritt lassen will. Endlich geht Lux zuerst ab.)
**Dörthe** (öffnet die Mittelthür und winkt hinaus). Sie!
**Kurt v. Elmenhorst** (befremdet). Meinen Sie mich?
**Dörthe** (kategorisch). Warten! (Ab.)

## 13. Scene.

**Kurt von Elmenhorst.** (Dann) **Pasewalk.** (Dann) **Friederike. Else. Toni.** (Zuletzt) **Dörthe.**

Kurt v. Elmenhorst (jovial). Ganz schlächtermäßiger Empfang! Mein trefflicher Onkel mag es herzlich gut mit mir meinen, aber meine Finanzen durch eine Schlächtertochter verbessern zu lassen, geht mir doch gegen den Strich. Indessen will ich, um nicht ganz obstinat zu erscheinen, mir das Mädchen ansehen und danach meine Weigerung motiviren. (Steht vor dem Spiegel.) Wie so ein Civil=Anzug den Menschen gleich verändert!

(Pasewalk tritt ein.)

Kurt v. Elmenhorst (fortfahrend, ohne ihn zu bemerken). Ich glaube, meine intimsten Bekannten würden mich nicht erkennen. —

Pasewalk (für sich). Nicht erkennen? Das ist Wallberg!

Kurt v. Elmenhorst (bemerkt Pasewalk, verneigt sich leicht). Habe ich das Vergnügen, den Herrn des Hauses?

Pasewalk (ihn mißtrauisch von allen Seiten betrachtend). Sie wünschen mich zu sprechen?

Kurt v. Elmenhorst. Ich bin der Neffe des Barons Elmenhorst auf Rummelsfelde.

Pasewalk. Wer sind Sie?

Kurt v. Elmenhorst (lauter). Der Neffe des Barons Elmenhorst. (Für sich.) Scheint etwas schwerhörig zu sein.

Pasewalk (immer sehr mißtrauisch). Wieviel Neffen hat denn der Herr Baron?

Kurt v. Elmenhorst (überrascht). Nur Einen!

Pasewalk. Und der sind Sie — ausgerechnet?

Kurt v. Elmenhorst. Allerdings; ich komme in Civil und gab meine Karte nicht ab, um diesen Besuch in unserm beiderseitigen Interesse geheimzuhalten.

Pasewalk. Was Sie sagen!

Kurt v. Elmenhorst (immer überraschter). Wie meinen Sie?

Pasewalk. Daß Sie so wenig der Baron sind, wie ich der Kaiser von Marokko! (Für sich.) Die Perrücke sitzt schief! Er ist es!

Kurt v. Elmenhorst. Mein Herr, was soll der Scherz?

**Pasewalk.** Das sollen Sie bald erfahren. (Oeffnet die Seitenthür). Kommt mal raus, Kinder!

**Friederike** (von innen). Ich auch?

**Pasewalk.** Alle! (Drückt auf den Telegraphen-Knopf, man hört die electrische Klingel.)

**Kurt v. Elmenhorst.** Herr Pasewalk, ich hatte eine Unterredung unter vier Augen gewünscht.

**Friederike, Toni, Else** (kommen).

**Friederike.** Was giebt's denn? ⎫
**Toni.** Was ist denn los? ⎬ (Zugleich.)
**Else.** Was wünschest Du, Papa? ⎭

**Pasewalk.** Die Meinigen sollen sämmtlich Zeugen sein, daß ich mich von Ihnen nicht zum zweiten Male betippeln lasse, Herr Wallberg!

**Alle** (überrascht). Wallberg?

**Dörthe** (kommt durch die Mitte).

**Pasewalk** (zu Dörthe). Zeige dem Herrn, wo's rausgeht!

**Kurt v. Elmenhorst** (geht empört auf Pasewalk zu). Mein Herr — —

**Else** (stürzt dazwischen). Theobald!

**Toni** (hält ihn am Rockschoß). Mäßigung, junger Mann!

**Kurt v. Elmenhorst.** In der That! Weshalb mich echauffiren? Offenbar bin ich hier in ein Irrenhaus gerathen! Gehorsamer Diener! (Will durch die Mitte ab, à tempo tritt Lux ein.)

**Toni** (empört). Irrenhaus?

## 14. Scene.

**Vorige. Lux.**

**Pasewalk.** Da kommt der Baron, der muß den Schwindel-fritzen fordern.

**Lux** (Kurt erblickend). Was sehe ich? Baron Elmenhorst! Was thun Sie denn hier?

**Kurt.** Ich werde eben hinausgeworfen! (Ab durch die Mitte.)

**Pasewalk** (packt Lux krampfhaft am Arm). Was sagen Sie? Der Mann, der da eben 'rausging, war — —?

**Lux.** Baron Kurt von Elmenhorst, mein ehemaliger Lieutenant.

**Pasewalk.** Und Sie?

**Lux.** Ich bin Lux, wie ich heute schon des Oefteren bemerkt.

Pasewalk. Ein richtiger Lux? Dann habe ich also den Baron — (Sinkt in einen Sessel.) Jetzt bin ich wirklich — —
Toni (einfallend, doppelsinnig). Ein gemachter Mann!
Dörthe. Da kann man nicht d'ran tippen!
(Musik fällt mit dem Refrain von Pasewalk's Auftrittslied ein.)

(Der Vorhang fällt.)

---

## Zweiter Akt.

### 3. Bild.
(Scene bei Pasewalk wie im ersten Bilde.)

#### 1. Scene.
**Dörthe.** (Bald darauf) **Lanzke.**

Dörthe (steht beim Aufziehen des Vorhanges in der Mittelthür und winkt hinaus). Pst! Nur hier herein, Wilhelm! Die Luft ist rein! Weder der Herr noch die Madam sind zu Hause.
Lanzke. Ich erlaube mir!
Dörthe. Wenn ich Deine Finger-Telegraphie durch's Fenster richtig verstanden, hast Du mir was mitzutheilen.
Lanzke. Ich erlaube mir!
Dörthe. Na, schieß' los!
Lanzke. Die Künstler nämlich haben morgen ein Fest im Grunewald, das Comité hat mir eingeladen —
Dörthe (in's Wort fallend). Welche Ehre!
Lanzke (fortfahrend). Die Getränke hinauszuschaffen; außerdem soll ich in einem lebenden Bilde mitwirken und als Bacchus auf einer Tonne reiten.
Dörthe. Du auf einer Tonne? Das möchte ich wohl mal sehen!
Lanzke. Deshalb komme ich ja eben; Professor Menzel hat mir zwei Billets geschenkt, und wenn Deine Herrschaft nichts dagegen hat —

Dörthe. I, wo wird sie denn! Der Herr ist nach Rummelsfelde gefahren, da kommt er wohl so bald nicht wieder, und mit der Madam werde ich schon fertig. Meine Schwester kann statt meiner die Arbeit machen.

Lanzke. Du hast eine Schwester hier?

Dörthe. Nur zu Besuch; sie kommt von unserm Dorfe.

Lanzke. Also eine Bäuerin? Da kannst Du Dir gleich einen Anzug von ihr borgen, bei dem Fest muß nämlich Alles in ländlichen Kostümen erscheinen; es ist ein Erntefest, eine internationale Kirmeß.

Dörthe. Was wirst Du denn als Bacchus anhaben?

Lanzke. Keine Ahnung! Bis jetzt haben sie mir blos einige Weinblätter geschickt; ich hoffe, das wird noch nicht Alles sein. — Ich werde Dich also morgen abholen.

Dörthe. Willst Du denn schon fort? Komm doch einen Moment mit nach der Küche; es ist noch etwas Apfelsinen-Crême da von gestern Mittag. (Corridorglocke.) Es klingelt — ich werde öffnen; geh Du indessen nach der Küche! (Ab.)

Lanzke. Ich erlaube mir! (Für sich.) Apfelsinen-Crême — labbriges Zeug! Was Kompaktes wäre mir lieber! (Ab.)

## 2. Scene.

#### Laura. (Bald darauf) Toni.

Laura (in sehr eleganter Straßen-Toilette, einen Katalog der Kunst-Ausstellung in der Hand, öffnet in dem Moment, wo Lanzke abgeht, die Mittelthür und spricht zurück). Schön, ich werde hier Fräulein Toni erwarten, sagen Sie ihr nur, daß ich hier bin!

Toni (tritt aus der Seitenthür). Ist nicht mehr nöthig, Fräulein Toni weiß es schon.

Laura. Guten Tag, Tonchen! Ich muß mich gleich setzen, ich komme aus der Kunst-Ausstellung.

Toni (setzt sich zu ihr). Die ist ja wohl heute eröffnet worden? Sind gute Bilder da?

Laura (lachend). Das kann ich Ihnen nicht sagen; ich habe die längste Zeit vor meinem Portrait gestanden. Alles schlug den Katalog nach; aber die enttäuschten Gesichter, wenn sie Nummer 1313 fanden: „Weibliches Portrait."

Toni. Haben Sie Wallberg in der Ausstellung gesprochen?

Laura. Natürlich; deshalb komme ich ja. Er hat mir Wunderdinge erzählt; Schwager Pasewalk ist also nach Rummelsfelde gefahren?

Toni. Um einen faux pas durch den andern zu redressiren. Wir athmen übrigens erleichtert auf, daß wir ihn auf ein paar Stunden los sind. Sie haben keinen Begriff, Laura, wie er jetzt seine Umgebung peinigt!

Laura. Aber weshalb denn?

Toni. Wallberg hat ihm gedroht, sich in allerlei Verkleidungen hier einzuschleichen.

Laura. Er hat sich einen Scherz gemacht!

Toni. Ihr Schwager nimmt's aber für Ernst. Es ist förmlich zur fixen Idee bei ihm geworden, daß jeder Mensch, der in's Haus kommt, ein verkleideter Wallberg ist. Unserm Briefträger, einem ganz harmlosen Menschen, hat er beinah' den Bart ausgerissen, weil er die Cotelettes für angeklebt hielt. Der armen Else hat er sämmtliche Garderobe eingeschlossen, sogar die Schuhe, daß sie wie eine Vogelscheuche herumlaufen muß in Mutterns Schlafrock und großen Filzparisern, nur damit sie sich vor Wallberg nicht sehen lassen kann.

### 3. Scene.

**Vorige. Else.**

Else (steckt den Kopf aus der Seitenthür). Ihr sprecht wohl von mir?

Laura. Komm doch heraus; es ist ja Niemand hier!

Else. Ihr müßt mich aber nicht auslachen. (Tritt heraus in einem Schlafrock, der ihr zu lang und zu weit ist, und in Filzschuhen.)

Laura (lachend). Abscheulich! Und Wallberg wollte mir auf dem Fuße folgen!

Else. So zeige ich mich um keinen Preis vor ihm.

(Es klopft an einer Seitenthür.)

Laura. Wer klopft denn da?

Else. Das ist der Herr Sekretär! Ich verschwinde! (Ab in ihre Seitenthür.)

Laura. Das soll ja ein sehr netter Mensch sein!

Toni. Mir ist er unausstehlich! Ich räume das Feld! (Ab.)

(Neues Klopfen.)

Laura. Dann bleibt mir wohl nichts Anderes übrig. (Laut.) Herein!

## 4. Scene.

**Laura. Lux.** (Dann) **Randow.** (Zuletzt) **Wallberg.**

Lux (sich verneigend). Gnädige Frau!

Laura. Guten Morgen! (Für sich.) Das Gesicht muß mir schon irgendwo begegnet sein. (Laut.) Ich bin Elsens Tante; Sie sind der Sekretär meines Schwagers?

Lux. Und entzückt, Ihre Bekanntschaft erneuern zu dürfen.

Laura. Erneuern? Wir haben uns also schon irgendwo gesehen?

Lux. Ich Sie, meine Gnädige, in Oel.

Laura (lachend). Ach so: Nummer 1313!

Lux. Der Schöpfer des Bildes nannte mir auch Ihren Namen.

Laura. Sie kennen Herrn Wallberg?

Lux. Wir sind Landsleute und zusammen in Berlin eingewandert, er auf die Akademie, ich auf die Universität. (Für sich.) Eigenthümlich, wie sie mich fixirt!

Laura (für sich). Ich begreife die Toni nicht, was sie an dem Mann auszusetzen hat.

Randow (tritt, eine Rolle in der Hand, durch die Mitte ein). Sieh da, Lux! Pardon, Sie sind nicht allein!

Lux (vorstellend). Herr Professor Randow —

Randow (in's Wort fallend). Nummer 1313.

Laura. Sie erkennen mich gleich wieder? Das Portrait hat Sie also interessirt?

Randow. Nein! Es fiel mir nur auf, weil es eine Aehnlichkeit hat mit 'ner alten Tante von mir.

Laura. Mit 'ner alten Tante?

Randow. Als sie noch jung war.

Laura (lachend). Das klingt schon besser! (Für sich.) Diese Züge sind mir auch nicht fremd!

Lux. Was führt Sie zu uns?

Randow. Ich habe einen Prolog für's Künstlerfest begangen, den Fräulein Pasewalk sprechen soll.

Lux. Sie besteigen auch den Pegasus, Professor?

Randow. Nur Sonntags. Wollte eigentlich das Vieh nie wieder maltraitiren.

Laura. Haben Sie schlimme Erfahrungen damit gemacht?

Randow. Hatte einmal ein Theaterstück geschrieben und an Titus Ullrich eingesandt. Der las fünf Viertel Jahre daran rum und gab mir nach Verlauf dieser kleinen Frist die etwas ausweichende Antwort: „Lieber Schatz, das ist Schund!"

Laura (lachend). Was wurde denn aus dem interessanten Opus?

Randow. „Wohlthätig ist des Feuers Macht!" (Zu Lux.) Die Dame sieht mich so sonderbar an.

Lux (halblaut). Mich auch!

Wallberg (durch die Mitte). Da ist ja schon das Convivium beisammen.

Laura. Da will ich nicht länger stören, meine Herren! (Nimmt ihre Sachen).

Wallberg. Aber liebenswürdigste aller Tanten, Sie werden mir doch wenigstens einen Handkuß erlauben? (Küßt ihr die Hand.)

Laura (leise zu Wallberg). Helfen Sie mir doch auf die Spur: mir ist, als hätte ich die beiden Herren schon irgendwo gesehen!

Wallberg (lacht). In effigie!

Laura (verwundert). In effigie?

Wallberg (laut). Denken Sie an die Heiraths-Annonce mit den verlangten Photographieen!

Laura (lacht). Wahrhaftig!

Randow. Heiraths-Annonce? Wie? Diese Dame wäre —

Wallberg. Die gnädige Frau ist —

Laura (giebt ihm einen verstohlenen Wink).

Wallberg. Eine Freundin jener heirathslustigen Wittib.

Laura. Die sich natürlich mit der Annonce nur einen Scherz gemacht.

Wallberg. Nicht weniger als 45 Gimpel gingen in's Netz.

Randow. Gimpel? Erlaube 'mal, Du weißt recht gut, daß wir uns auch nur einen Witz gemacht haben.

Laura (überrascht). Einen Witz?

Randow. Wir saßen in der Weinstube beisammen, als die Annonce vorgelesen wurde, beschlossen, der Ehekandidatin durch die Wahl Qual zu bereiten, und packten unsere Photographien ein.

Laura. Ich kann mir lebhaft denken, wie dabei über die arme Frau hergezogen wurde.

Randow. Es ging.

Laura. Aber wir haben uns über Ihre Conterfeis nicht minder lustig gemacht; nur ein Bild erweckte unser Interesse.

Randow. Das meinige?

Laura (mit einem Seitenblick auf Lux). Das darf ich nicht

verrathen. Meine Freundin wird sich übrigens sehr freuen, wenn sie erfährt, wen die Bilder vorstellen.

Lux. Sie werden uns doch nicht compromittiren?

Laura. Sie haben Strafe verdient! (Sich verneigend). Meine Herren?

(Die drei Herren verneigen sich.)

Laura (im Abgehen, für sich). Der Sekretär ist ein reizender Mensch. (Ab.)

### 5. Scene.

**Vorige** (ohne) **Laura.**

Randow (zu Wallberg). Du, sie ist wohl selber die Wittwe?

Wallberg. I, wo denkst Du hin?

Lux. Kinder, wenn sie's doch wäre und ich der Glückliche, der ihr gefallen hat!

Wallberg. Und Toni?

Lux. Ach, geh mir doch! Bei der fängt ja der Mensch erst mit dem Seconde=Lieutenant an.

Randow. Was wird denn nun aber mit meinem Prolog?

Wallberg. Ich habe 'ne gute Idee!

Randow. Merkwürdig! Ist doch sonst nicht Deine Sache.

Wallberg (nimmt ihm die Rolle ab). Ich werde mit Else sprechen; Du probirst inzwischen bei Lux (deutet auf die Seitenthür) ein Glas von seinem Rothen.

Randow (erschreckt). Ungegypsten?

Lux. Ich trinke mit.

Randow. Dann bin ich beruhigt. (Ihn ansehend.) Sonderbare Idee, Weinreisender zu werden, für einen Menschen, der studirt hat!

Wallberg. Es ist doch ein entschiedener Fortschritt, denn als Student hat er blos Bierreisen gemacht.

Lux (lacht).

Randow (drückt Wallberg die Hand). Brillanter Witz! Habe nie so gelacht!

Lux und Randow (ab zur Seite).

## 6. Scene.

**Wallberg. Dörthe.**

Wallberg. Unverbesserlicher Sauertopf! (Geht an Elsen's Thür und klopft.)

Dörthe (kommt durch die Mitte mit Pasewalk's Schlafrock und Hausmütze). Klopfen Sie nicht, Herr Wallberg, das Fräulein läßt sich nicht sprechen!

Wallberg. Weil ihr der Papa die Sachen eingeschlossen hat? Was thut das?

Dörthe (vertritt ihm den Weg). Das thut sehr viel bei uns! Mein Wilhelm darf auch nicht 'rein, wenn ich nicht angezogen bin.

Wallberg. Geben Sie mir 'mal den Schlafrock her!

Dörthe. Ich habe ihn eben ausgeklopft.

Wallberg. Desto besser! (Wirft seinen Rock ab.)

Dörthe. Aber Herr Wallberg! Was wird denn da nu wieder herauskommen?

Wallberg (drückt ihr Geld in die Hand). Hier — verduften Sie!

Dörthe (für sich). Drei Mark! Man kann dem Menschen nichts abschlagen. (Ab durch die Mitte.)

## 7. Scene.

**Wallberg.** (Dann) **Else.** (Dann) **Dörthe.** (Zuletzt) **Toni.**

Wallberg (hat Pasewalk's Schlafrock angezogen, dessen Hausmütze aufgesetzt und nimmt am Tisch Platz, den Rücken gegen Elsen's Thür. Er schlägt auf den Tisch und ruft mit erhobener Stimme in Pasewalk's Ton). Keen Mensch zu sehen, wenn man von die Reise kommt? Else! Wo steckt denn das Mädel?

Else (öffnet ihre Thür). Papa, Du bist hier?

Wallberg. Komm mal her! Falle mich um den Hals! Fix!

Else (nähert sich). Aber, Papa, was ist denn?

Wallberg. Na, wird's bald?

Else (ängstlich). Ja, ja!

Wallberg (wendet sich rasch und küßt sie).

Else (mit einem Aufschrei). Theobald! Pfui! Das ist abscheulich! (Will fort.)

**Wallberg** (hält sie fest). Sie waren mir noch einen schuldig!

**Else.** Ich schäme mich so fürchterlich in diesem Aufzuge!

**Wallberg.** Wir werden uns doch öfter im Schlafrock sehen! Denken wir uns nur zehn Jahre weiter: wir sitzen Morgens so recht gemüthlich am Kaffeetisch beim würzigen Mokka, Du schmierst die Brödchen —

**Else.** Aber Theobald, nun duzen Sie mich gar?

**Wallberg.** Ich spreche ja von zehn Jahren später.

**Else.** Ach so!

**Wallberg.** Plötzlich ein Butterfleck auf's Tischtuch —

**Else.** Den müßten Sie gemacht haben!

**Wallberg.** Ich? Nein, Paul hat ihn gemacht.

**Else.** Welcher Paul?

**Wallberg.** Welcher? Natürlich unser Paul!

**Else** (schmollend). Unartiger Mensch!

**Wallberg.** Unartig? In zehn Jahren können wir doch einen Paul haben, der Fettflecke macht?

**Else.** Ich gehe! (Will fort).

**Wallberg** (hält sie). Ich nehme den Paul zurück! Aber von unserm zukünftigen Heim können wir doch plaudern? Es soll ein reizendes Nest werden.

**Else.** Natürlich, wegen der hübschen Damen, die zu Dir in's Atelier kommen.

**Wallberg.** Unbesorgt! Ein Portrait-Maler ist der geborene Weiberfeind, gerade die schönsten läßt er am längsten sitzen. (Streichelt ihr Kinn.)

**Else** (schlägt ihm auf die Hand). Schelm!

**Wallberg.** Nun kommt die Mittagszeit heran: was haben wir denn heute, Holdchen? Ich bin barbarisch hungrig.

**Else.** Es giebt Dein Leibgericht: Rebhühner!

**Wallberg.** Rebhühner? Du Engel! (Küßt sie.)

**Else.** Aber Theobald!

**Wallberg** (im Tone der Entschuldigung). Na, wenn es Rebhühner giebt? — Nachmittags geht es hinaus in den Grunewald, (singt) „wo laut das Echo schallt", und wo der Hund keinen Maulkorb braucht.

**Else** (lacht). Einen Hund haben wir auch?

**Wallberg.** Einen Neufundländer — (deutet die Größe an) so ein Thier! Lischen kann draußen im Freien darauf reiten.

**Else** (mit strafendem Blick). Was für ein Lischen?

**Wallberg.** Paul's Schwester! Ach so, ich nehme das

Lischen auch zurück. Es wird ein Leben wie im Paradiese werden, und nie soll eine Wolke den Himmel unseres Glückes trüben.

Else. Nie!

Wallberg. Meine kleine Frau setzt nicht, wie so manche, ihren Kopf auf und will bei allen Gelegenheiten Recht behalten.

Else. Wenn ich nun aber Recht habe?

Wallberg. Wie?

Else. Unfehlbar sind die Männer doch auch nicht.

Wallberg (schon etwas ärgerlich). Er soll Dein Herr sein!

Else (ebenso). Das klingt ziemlich anmaßend!

Wallberg. Steht aber in der Bibel.

Else. Da lassen Sie es nur stehen! Aber deshalb braucht sich der Mann nicht auf's hohe Pferd zu setzen.

Wallberg (immer ärgerlicher). Auf's hohe Pferd? Wer setzt sich auf's hohe Pferd?

Else (ebenso). Sie setzen sich auf's hohe Pferd!

Wallberg (gereizt). Madam!

Else (ebenso). Mein Herr!

(Stehen sich einen Moment wie Kampfhähne gegenüber.)

Wallberg (gemüthlich). Da wären wir ja mitten drin im Krakehl.

Else. Ich habe aber nicht angefangen.

Wallberg. Folglich muß ich's gewesen sein. Ich verzeihe Dir.

Else. Mir?

Wallberg. Oder mir! Das kommt ja auf Eins heraus, denn Du bist ich — (breitet die Arme aus).

Else. Und ich bin Du! (Umarmt ihn.)

Dörthe (mit einer Karte durch die Mitte). Ah, ich störe wohl?

Wallberg und Else (fahren auseinander).

Dörthe (für sich). War das aber schlau von dem Alten, die Garderobe wegzuschließen!

Else. Was willst Du?

Dörthe. Es kommt Besuch.

Wallberg. Ich bin nicht zu Hause, meine Frau wird ihn empfangen! — (Nimmt Hut und Rock und geht zu Lux ab.)

Dörthe (zu Else). Er will ja auch blos zu Ihnen! (Giebt ihr eine Karte.)

Toni (kommt). Da ist ja eine Equipage vorgefahren?

Else (hat die Karte gelesen). Denken Sie nur, der Baron Elmenhorst ist es, er hat sich also mit Papa gekreuzt. Ich kann mich doch unmöglich so sehen lassen.

Dörthe. Der Bediente wartet.
Toni (von einer Idee ergriffen). Halt! Sagen Sie ihm, Fräulein Else ließe bitten.
Dörthe. Fräulein Else?
Toni. Gehen Sie doch, das Uebrige ist unsere Sache!
Dörthe (achselzuckend ab).
Else. Aber Toni!
Toni. Jedenfalls will er doch nur sehen, ob die Tochter dem Vater gleicht; sie wird ihm gleichen, und damit fällt das ganze Rummelsfelder Heirathsproject in's Wasser! Lassen Sie mich nur machen!
Else. Nun verstehe ich! Toni, einzige Toni! (Fällt ihr um den Hals.)
Toni (sie fortdrängend). Fort! Fort! Sonst überrascht er uns.
Else (ab).
Toni (vor den Spiegel eilend). Wie sehe ich denn aus? (Arrangirt sich rasch das Haar für ihre Rolle.) So wird's gehen!
Dörthe (öffnet die Mittelthür und läßt den Baron eintreten).

### 8. Scene.
**Baron Erich von Elmenhorst. Toni.**

Baron (tritt ein und verneigt sich). Sie sehen in mir den Baron Elmenhorst.
Toni (mit der Zunge anstoßend). Freut mir! (Knixt ungeschickt.) Sie wollen wohl zu Vatern?
Baron (stutzt). Wie?
Toni. Vater ist nicht zu Hause. Was glupschen Sie mir denn so an?
Baron (perplex). Sie besitzen wohl noch eine Schwester?
Toni. Man nich! Vater sagt, so eine, wie ich bin, giebt's nicht noch einmal. (Fängt Fliegen.)
Baron. Da hat Vater vollkommen Recht! (Für sich.) Mir steht der Verstand still! Das also ist das reizende, feingebildete Mädchen, von dem mir der Schlächtermeister vorgeschwärmt?
Toni (an's Fenster tretend). Da kommt die dicke, schwarze Henne auf unsern Rasen. (Singt.)

> Putthähneken, Putthühneken,
> Was thust Du auf dem Hof?
> Du pflückst mir ja die Blumen ab,
> Du machst es ja zu grob.

Baron (für sich). So blind kann doch Elternliebe unmöglich sein! Hält der Mann mich für verrückt, oder ist er es selber?

Toni. Warten können Sie auf Vatern nicht; der ist über Land. Er besieht manchmal noch aus Gefälligkeit Kälber auf die Dörfer.

Baron (sie fixirend). Kälber kann man auch in Berlin sehen! (Für sich.) Der Sache mache ich mit einem Schlage ein Ende. (Laut.) Sie gestatten wohl, daß ich hier einige Zeilen für Ihren Papa zurücklasse. (Setzt sich.)

Toni. Können Sie mir denn das nicht so bestellen? Sie denken wohl, ich behalte nichts?

Baron. Es handelt sich um ein Geheimniß.

Toni. Ich paple nichts aus.

Baron (ärgerlich). Die Angelegenheit betrifft aber nicht mich, sondern meinen Neffen.

Toni. Sie haben auch 'n Neffen? Schlachtet der nach Ihnen?

Baron. Der schlachtet überhaupt nicht! (Zieht sein Notizbuch hervor und reißt ein Blatt aus.)

Toni (geht an den Schreibsekretär, der auf der entgegengesetzten Seite steht). Wollen Sie Tinte? Sie wird zwar ein bißchen dick sein; sie ist lange nicht gebraucht.

Baron (schreibend). Das glaube ich und danke! Meine Bleifeder genügt.

Toni (ihm zusehend). Ich schreibe auch sehr schön, und Alles nach der neuen Orthographie: Beten ohne h — Ja, ich bin sehr gebüldet, ich kann auch französch: bong tschur mon ámmi — (plötzlich wie ein Hund lockend) Ammi! Kß! Kß! Kß! — Und Gedichte aufsagen kann ich auch). (Deklamirt.)

  Fest gemauert in die Erde
  Steht die Form, aus Lehm gebrannt,
  Meine Minna geht vorüber,
   Frisch, Gesellen, seid zur Hand!

Baron (ist mit Schreiben fertig, für sich). Heiliger Schiller! (Laut.) Wenn Sie jetzt nur die Güte hätten, mir ein Couvert zu geben!

Toni (nimmt ein Couvert vom Schreibtisch). Hier sind ja eine ganze Masse! (Giebt ihm ein auffallend großes Couvert.) Ist das groß genug?

Baron. Vollständig! Besten Dank! (Steckt das beschriebene Blatt hinein und will zukleben.)
Toni. Ach, lassen Sie mir zumachen, das thu' ich so gerne!
Baron (mit Aversion). Bitte, machen Sie zu!
Toni (klebt das Couvert, es bedeckend, zu).
Baron (erhebt sich mittlerweile, wischt sich den Schweiß von der Stirn). Uff!
Toni. Ihnen ist wohl heiß?
Baron. Entsetzlich!
Toni. Wollen Sie etwas kohlensauren Nathan?
Baron. Danke! (Für sich.) Kohlensauren Nathan! Es ist unglaublich! (Nimmt seinen Hut.)
Toni. Nehmen Sie's Geleite mit!
Baron. Bemühen Sie sich um Gotteswillen nicht! (Für sich.) Der Schreck hat mir die Gicht wieder in die Beine gejagt! (Faßt sich mit einer Schmerz=Geberde an's Bein und humpelt ab.)
Toni (ihm nachrufend). Fallen Sie nicht die Treppe 'runter!

### 9. Scene.

#### Toni (allein).

Toni. Der kommt uns nie wieder! Else ist gerettet! Ich könnte stolz auf diesen Erfolg sein, aber „Bescheidenheit, verlaß mich nicht" ist ein zu gutes, altes Wort.

#### Couplet.
(Erfolgt bei Zusendung der Partitur.)

### 10. Scene.

#### Pasewalk. Friederike. Dörthe.

Pasewalk (tritt mit Reisetasche und Hutschachtel höchst erregt durch die Mitte ein, wirft die Reisetasche in die eine, die Hutschachtel in die andere Ecke und geht wüthend auf und ab).
Friederike (die ihm gefolgt, sieht ihn fragend an).
Dörthe (für sich). Der hat wieder seinen Pips! (Nimmt die Tasche und Schachtel auf und trägt sie in's Nebenzimmer, ab.)
Pasewalk (nach einer kleinen Pause). Es ist niederträchtig!
Friederike. Du hast wohl Aerger gehabt in Rummels=felde?
Pasewalk (ohne darauf zu achten). Mir soll das passiren! Mich, Pasewalken, läßt man umsonst antichambriren!

Friederike. Was sagte denn nun eigentlich der Baron?

Pasewalk. Was er sagte? Verleugnen ließ er sich! Der Diener meinte, er wäre verreist; die gewöhnliche Ausrede.

Friederike. Das ist unangenehm, aber es war vorauszusehen, nachdem Du den Neffen so behandelt hast.

Pasewalk. Sie sollen mir gewogen bleiben, der Onkel sammt dem Neffen!

Friederike. Sonst hast Du anders gesprochen.

Pasewalk. Jetzt sehe ich klarer: es ist nicht Alles Schliemann, was buddelt! (Nimmt einen in Papier gewickelten Revolver aus der Tasche und wickelt ihn aus.)

Friederike. Wem hast Du denn das mitgebracht?

Pasewalk. Mir selber! So'n Ding wollt' ich mir schon lange zulegen!

Dörthe (kommt aus der Seitenthür und will durch die Mitte ab).

Pasewalk (ruft, indem er den Revolver auf sie richtet). Stillgestanden!

Dörthe (stößt, sich umwendend, einen Schrei aus). Ah! Aber Herr Pasewalk! Wie können Sie Einen nur so erschrecken!

Pasewalk (nimmt sie an der Hand und führt sie vor). `Das ist ein sechsläufiger Revolver! Jetzt kann ich jedem Eindringling in mein Haus mit Ruhe entgegensehen. (Läßt sie los.) Nun kannst Du gehen!

Dörthe. Warum erzählen Sie mir das, Herr Pasewalk? Sagen Sie doch das Herrn Wall—

Pasewalk (ihr in's Wort fallend). Raus! Soll ich Dir Beine machen?

Dörthe. Man sagt, Sie hätten früher ausgezeichnete Eis=Beine gemacht. (Verschwindet rasch, da er mit dem Revolver auf sie zielt.)

## 11. Scene.

**Pasewalk. Friederike. (Zuletzt) Dörthe.**

Pasewalk. Die Person kriegt zum Ersten ihren Schein.

Friederike. Aber weshalb denn? Sie ist tüchtig und fleißig —

Pasewalk. Der Feuerwehrmann, der fortwährend bei ihr in der Küche steckt, macht mich nervös: so oft ich ihn sehe, erschrecke ich und denke, es brennt wo im Hause.

Friederike. Dich macht überhaupt jetzt Alles nervös, die Fliege an der Wand ärgert Dich.

Pasewalk. Das soll bald anders werden; die Else muß heirathen, den Ersten Besten — blos damit ich Ruhe bekomme — (sieht den Brief.) Was ist denn das für ein Brief? (Nimmt ihn.)

Friederike. Ich habe keine Ahnung!

Pasewalk. Und hier eine Karte — (liest) „Baron Erich von Elmenhorst auf Rummelsfelde" — er ist also während meiner Abwesenheit hier gewesen?

Friederike. Es ist das Erste, was ich höre: ich hatte heute Volksküche.

Pasewalk. Er war also wirklich nicht zu Hause?? Da habe ich mich ja ganz umsonst gebost! Nu kann ja noch Alles gut werden! (Oeffnet den Brief und liest mit steigender Freude.) „Geehrter Herr Pasewalk! Nachdem ich die persönliche Bekannt= schaft Ihrer Fräulein Tochter gemacht" — (spricht) er hat sie also gesprochen.

Friederike. In dem Aufzuge? Das arme Mädchen!

Pasewalk (liest). „Bin ich zu der Ueberzeugung ge= kommen, daß eine Verbindung zwischen Ihrer Tochter und meinem Neffen zu kei— — (hält inne, sein bis dahin strahlendes Gesicht verfinstert sich; er sieht genauer auf's Papier, als wenn er falsch zu lesen geglaubt, und fährt dann kleinlaut fort) zu keinem dauernden Glücke führen würde. Erich v. Elmenhorst." (Zer= knittert wüthend den Brief.)

Friederike. Da hast Du's! Nun sind wir die Blamirten! — Ich will doch mal von Else hören, wie die Sache war. (Wendet sich zum Gehen.)

Pasewalk. Die Blamirten? So ein Kartoffelzüchter mit Schmierstiebel kann mir nicht blamiren.

Friederike. Aber Du selber hast Dein Kind blamirt, weil es sich im schäbigsten Negligé präsentiren mußte. Da konnte ihm Else ja nicht gefallen! Wenn Du vernünftig bist, söhnst Du Dich jetzt mit Wallberg aus, das wäre der beste Ausweg! (Ab zur Seite.)

Pasewalk. Ich weiß 'nen bessern! (Drückt auf den Tele= graphenknopf.) Damit das Gerede mit Wallberg endlich mal aufhört, werde ich die Else noch heute verloben — sofort — auf der Stelle!

Dörthe (kommt). Soll ich was?

Pasewalk. Rufe mir mal Herrn Lux! (Dörthe ab.)

## 12. Scene.

**Pasewalk.** (Dann) **Lux**.

Pasewalk. Der Herr Baron soll sehen, daß ich mir aus seinem Korb nicht soviel mache! Worauf bildet sich denn der Mann eigentlich was ein?? Daß seine Ahnen Saracenenschädel gespalten haben? Meine Eltern und Großeltern haben Ochsenschädel gespalten, aber feste! Und das ist auch kein Kinderspiel! (Nimmt die Karte des Barons, die eingeknifft ist, vom Tisch.) Ich hätte übrigens gleich der Karte ansehen können, wo der Baron hinauswollte; sie hat 'nen Kniff, das soll doch blos heeßen: er hätte sich den Besuch lieber verkniffen.

Lux (kommt). Herr Pasewalk, zu Ihren Diensten!

Pasewalk. Nehmen Sie Platz, junger Mann!

Lux. Diese Freundlichkeit! Wo will das hinaus? (Laut.) Bitte, ich stehe lieber!

Pasewalk. Sie lieben meine Tochter!

Lux (ausweichend). Herr Pasewalk —

Pasewalk. Sie lieben sie; Sie haben mir's selbst gesagt! Sie sollen sie heirathen!

Lux (überrascht). Heirathen? Ich??

Pasewalk. Oder ist Ihnen die Sache wieder leidgeworden?

Lux. Durchaus nicht! Aber mittlerweile ist mir zu Ohren gekommen, daß Fräulein Else von einem Maler geliebt wird.

Pasewalk. Eben darum sollen Sie sich noch heute mit ihr verloben; morgen ist im Grunewald das Künstlerfest, das wollen wir mitmachen, Else an Ihrem Arm als Ihre Braut, damit der Anstreicher weiß, wod'ran er ist. (Zieht seine Uhr.) Fünf Minuten haben Sie Bedenkzeit; entweder Sie heirathen meine Tochter, oder Sie fliegen 'raus! (Geht nach dem Hintergrunde.)

Lux (für sich). Das ist köstlich! Da hätten wir sie ja mit einem Male Alle auf dem Künstlerfest! Verloben wir uns provisorisch, um uns im geeigneten Moment wieder zu entloben! (Laut.) Was ist da viel zu bedenken, Herr Pasewalk? Ich nehme Ihren ehrenvollen Antrag an.

Pasewalk. An mein Herz, Schwiegersohn! Und nun gehen Sie hier hinein und umarmen Ihre Braut!

Lux. Erlauben Sie, in dieser Joppe — unmöglich! Gestatten Sie mir nur ein paar Minuten, um Toilette zu machen! (Für sich.) Ich muß vor allen Dingen Wallberg benachrichtigen. (Laut.) Ich bin gleich wieder da! (Ab.)

## 13. Scene.

**Pasewalk.** (Dann) **Randow.** (Dann) **Wallberg.**

**Pasewalk.** So! Nun ist der Jordan'sche Knoten mit einem Male durch und der Rubikus überschritten. (Geht auf Luxens Thür zu.) Hören Sie 'mal, Lux, was ich noch sagen wollte —

**Randow** (tritt ihm entgegen). Guten Morgen!

**Pasewalk** (einen Augenblick sprachlos, preßt endlich die Worte heraus). So 'ne Frechheit!

**Randow.** Wie meinen Sie?

**Wallberg** (tritt mit Lux aus derselben Thür, sie bleiben im Hintergrunde).

**Pasewalk.** Sie haben mich einmal in dieser Maske hintergangen, heute entkommen Sie mir nicht! (Reißt den Revolver aus der Tasche.)

**Randow** (ruhig). Für wen halten Sie mich?

**Pasewalk.** Thun Sie nicht so, Sie sind Wallberg!

**Wallberg** (klopft ihm auf die Schulter). Und wer bin ich?

**Pasewalk** (richtet auf ihn den Revolver, indem er starr bald den Einen, bald den Andern ansieht).

**Wallberg.** Spiele nicht mit Schießgewehr! (Entreißt ihm den Revolver.) Adieu, Schwiegerpapa! (Schlägt ihm auf die Schulter).

**Randow.** Adieu, Schwiegerpapa! (Schlägt ihm ebenfalls auf die Schulter. Beide ab.)

**Pasewalk.** Mein Revolver! (Will ihnen nachstürzen.)

**Lux.** Ich sorge dafür! Sie kriegen ihn wieder, Schwiegerpapa! (Giebt ihm den dritten Schulterschlag. Ab.)

## 14. Scene.

**Pasewalk** (allein).

**Pasewalk.** Den Schwiegersohn lasse ich mir gefallen, der thut doch was für mich! — Das heißt, wissen möchte ich aber doch, ob meine Olle Recht hat, ob der Baron sich wirklich durch Elsens Negligé hat abschrecken lassen. Möglich ist es schon; denn im Haus-Negligé präsentiren sich Personen und Dinge ganz anders, als im Gala-Costüm. Da läßt sich nicht dran tippen.

**Couplet.**
(Erfolgt bei Zusendung der Partitur.)

(Der Zwischen-Vorhang fällt.)

## 4. Bild.
### (Das Künstlerfest.)

### Nr. 5. Introduction.

(Nach einer kurzen Introduction erschallt auf der Bühne das Klingelzeichen wie zum Aufgehen des Vorhangs. Der Zwischen=Vorhang geht aber nicht in die Höhe, sondern Else erscheint in dem Ausschnitt desselben als Iris. — Eventuell wird der Regie anheimgegeben, den Zwischen=Vorhang in die Höhe gehen zu lassen; man sieht dann eine zweite, künstlerisch und reich ausgestattete Gardine, welche mit Emblemen der Kunst und des Ackerbaues verziert ist.)

### 1. Scene.
#### Else.

Else (als Iris, trägt weiße Tunika, darüber eine Schärpe in den sieben Regenbogenfarben. In der Hand einen Merkurstab. Vergoldete Flügel. Das Haar ohne Schmuck in griechischem Knoten. Eventuell statt der Schärpe und des Merkurstabes einen Regenbogen als Attribut).

#### Else.
Aus dem olympischen Moniteur
Kam mir die Klage zu Gehör,
Wie oft beim irdischen Künstlerfest
Der Himmel es grausam regnen läßt.
Ich gestehe, daß mich's nicht Wunder nimmt,
Wenn dies Euch Sterbliche verstimmt;
Denn bin ich gleich die Göttin Iris,
Ich weiß ja, wie zu Muthe mir is,
Wenn's Jupitern in die Krone schießt
Und er, wie man sagt, „mit Mollen gießt."
Als ich daher in der heutigen Zeitung
Wieder von mancherlei Vorbereitung
Zum Künstlerfest im Grunewald las,
Dacht' ich: „Du machst Dir einen Spaß,
Du nimmst dem Alten die Wolken weg,
Wenn er dann gießen will — der Schreck!"

Ich paßte auf, die feuchten Säcke
Standen in Jupiters Sopha=Ecke,
Und während ihn Merkur frisirt,
Hab' ich sie still eskamotirt,
Weit in den Ocean gestreut,
Den Aether ordentlich durchgebläut,
Und bin ich auf meinem Regenbogen
Nun selbst zum Fest herabgeflogen,
Damit's einmal von Statten geht,
Wie's im Programm verheißen steht.
Schon strömen die Gäste kreuz und quer
In Kremsern durch den Wald daher,
Es scheint einen ziemlichen Ulk zu geben,
Doch ohne Ulk kein Künstlerleben!
Der Witz hilft über manche Qual
Hinweg in Eurem Jammerthal.
Ein freier Platz, den ich überschaut,
Ward rings mit Buden und Zelten bebaut,
Ein feister Geselle, von Weinlaub umkränzt,
Der dort den Zechern die Schalen credenzt,
Stellt meinen Bruder Bacchus vor,
Sie kennen das alte Kanonenrohr!
Vor einem andern Zelte stand,
Das klingende Cymbal in der Hand,
Ein schmuckes, braunes Zigeunerkind,
Kann aber auch eine Berlinerin sind.
Und weiter begegnete meinem Blick
Eine wendische Amme mit wendischem chic,
Sie kokettirte links und rechts
Mit Menschen männlichen Geschlechts;
Fast glaub' ich aber, in ihren Röcken
Wird irgend ein junger Maler stecken,
Ein loser Vogel, der in April
Gewisse Leute schicken will.
(Sie erschrickt.)
Doch Götter, was that ich?
Am Ende verrath' ich
Durch meine Erklärung
Die ganze Bescheerung!
Das soll ja nicht sein,
Drum drück' ich mich fein.

Ich bitte, verzeih'n Sie
Mir gnädigst und sei'n Sie
Den fröhlichen Scherzen
Der Künstler von Herzen,
Wie ich's bin, geneigt!

(Im Orchester beginnt leise das Ritornell des nachfolgenden Trinkliedes.)

Horch, wie es schon geigt!
Und da's ein Erntefest,
Was man hier vorgeh'n läßt,
Mög't Ihr bedenken,
Um Gunst ihm zu schenken,
Daß einem Ulk in Aehren
Niemand soll wehren!

(Verneigt sich mit Kußfingern und verschwindet.)
(Sollte nach dem Prolog applaudirt werden, dann bringt Else Randow, als Dichter des Prologes, mit hinaus.)

(Der Vorhang hebt sich.)

(Scene: Die Pichelsberge — nach der Natur. — Ganze Tiefe der Bühne. Im Prospekt das bekannte Restaurant. Die Kähne auf dem Flusse sind bunt beflaggt. Die Bühne ist bekränzt und mit Emblemen der Ernte und der Kunst originell dekorirt. Rechts und links Zelte, Kioske und Buden. Ganz im Hintergrunde ein bewegliches Karroussel. An dem ersten Zelt links ein Plakat mit der Aufschrift: „Feine Weine und echte Biere — Bedienung von zarter Hand", darunter ragt eine Riesenhand hervor. Ein Zelt daneben hat ein Plakat: „Oswald Nier's 2391. Niederlage." Eine Bude trägt die Inschrift: „Ubi bene — ibi Hygiene", darunter ist ein Bierseidel gemalt. Rechts vorn, mit der Facade zum Publikum, eine geschlossene Bude, welche die Aufschrift trägt: „Affenhaus". Die Thür dieser Bude bildet ein Gemälde, das einen Orang-Utang in Mannsgröße vorstellt. Würfelbuden ꝛc. Die Arrangements bieten der Phantasie des Regisseurs den weitesten Spielraum.)

## 2. Scene.

**Ulfert.** (Bauern und Bäuerinnen aller Nationen in bunten gefälligen Trachten. (Später) **Lanzke.** (Dann) **Baron Erich. Baron Kurt. Dörthe. Gollmitz.** — (Beim Aufziehen des Vorhanges buntes, bewegtes Bild. In den Zelten wird gezecht, in den Buden gewürfelt, das Karroussel ist in Thätigkeit. Alles lacht und scherzt, trinkt und singt, ist heiter und guter Dinge.)

### Nr. 6. Trinklied mit Chor.

**Ulfert** (mit geschwungenem Humpen).

Brüder mein, ich glaub' es wohl,
Ihr begreift es schwer,
Wie mein Humpen, eben voll,
Gleich ist wieder leer.
Bin ein Räthsel selber mir,
Lernte schon in Zechbegier
Früher, als das A=B=C,
Bibo, bapsi, bibere!

**Männer=Chor** (repetirt). Bin ein Räthsel 2c.

**Ulfert.**

Glas= und Flaschen=Nipperei
Schlägt bei mir nicht an,
Eimer, Anker schafft herbei,
Ich steh' meinen Mann!

{ Bin ein Räthsel 2c.
  **Chor** (zugleich).
  Bin ein Räthsel selber mir 2c.

**Ulfert.**

Nie dem Spott entziehe sich,
Wer den Schaden hat!
Muß es dulden, daß Ihr mich
Scheltet „Nimmersatt".

{ Bin ein Räthsel 2c.
  **Chor** (zugleich).
  Bin ein Räthsel 2c. (wie oben).

**Bauern** (an einem der Tische rufend). Heda, Bacchus! Die Bowle!

**Lanzke** (in Tricots, ein Pantherfell um Brust und Leib, darüber eine Weinlaub=Guirlande, auf dem Kopfe einen Epheukranz. Er tritt, eine Bowle tragend, aus dem ersten Zelt.)

**Die Bauern** (trällern, sobald er sich blicken läßt, aus „Belmonte und Constanze").

Vivat Bacchus, Bacchus lebe,
Bacchus, der den Wein erfand!

**Lanzke** (an den Tisch tretend). Hier, meine Herren, ist der Soff — (sich verbessernd) der Stoff, wollt' ich sagen. Ein Böwlchen, das sich gewaschen hat, auf Götterparole!

**Dörthe** (erscheint im Schäfercostüm). Nee, was sagt der Mensch zu meinem Wilhelm in's Pantherfell! Ich muß diebisch aufpassen, es sind so'ne Menge hübsche Damen hier, und er sieht zu verführerisch aus! (Wendet sich seitwärts.)

Baron Erich (kommt in einem Bauernkostüm ad libitum von rechts). Wenn der Mensch Pech haben soll! Nun kenne ich hier keine Seele und verliere auch noch meinen Neffen im Gedränge! (Wendet sich suchend nach hinten.)

Kurt v. Elmenhorst (von links, Bauernkostüm). Ich begreife gar nicht, wo mein Onkel geblieben ist, er ist mir plötzlich von der Seite verschwunden —

Erich (Kurt erblickend). Kurt!

Kurt. Onkel! Ich wußt' es ja, daß ich Dich in der Gegend der Weinzelte finden würde!

Erich. Ja, lieber Kurt, da ich nun einmal in Berlin bin, will ich auch Alles mitnehmen. Hast Du schon viel Bekannte getroffen?

Kurt. Zunächst nur den Bildhauer Gollmitz, der uns hier eingeführt hat.

Erich (sieht das betreffende Plakat). Affenhaus! Wollen wir 'mal da hinein?

Kurt. Später, Onkel; dazu müssen wir uns erst die Affen kaufen.

Erich. Ich verstehe Dich nicht.

Kurt. Es ist nämlich nur ein symbolisches Affenhaus, ein buon retiro für Diejenigen, die dem Bacchus dort zu stark geopfert haben und in stiller Beschaulichkeit den Uebergang vom Affen zum Kater abwarten.

Erich. Diese Künstler denken doch an Alles! (Sieht hinter die Coulisse.) Sieh! Sieh! Die Zigeunerin, um die sich Alles drängt!

Kurt. Alle Wetter! Da müssen wir auch dabei sein! (Während Erich und Kurt links abgehen, kommt Dörthe von rechts nach vorn, gefolgt von Ulfert und Gollmitz, welcher als Landgensdarm kostümirt ist.)

Dörthe (für sich). Ich möchte blos wissen, warum mich der Gensdarm so auf's Korn nimmt?

Ulfert (zu Gollmitz). Die hübsche Schäferin scheint allein hier zu sein, ich spreche sie an.

Gollmitz. Eine Dir unbekannte Dame?

Ulfert. Heute herrscht Maskenfreiheit! Ich wette, es ist eine Collegin in Oel. (Zu Dörthe.) Verzeihung, holde Schäferin, haben Sie vielleicht „ein junges Lämmchen, weiß wie Schnee" verloren? Könnte ich nicht Ihr Lämmchen sein?

Dörthe. Ein Lämmchen? Ich hätte Sie für älter gehalten.

Gollmitz (lachend zu Ulfert). Du, das ist nicht Oel — das ist Essig!

Ulfert (zu Gollmitz). Ich kriege sie schon! (Zu Dörthe.) Gestatten Sie mir, mich vorzustellen: Maler Ulfert.

Gollmitz (sich vorstellend). Bildhauer Gollmitz!

Dörthe (für sich). Wer bin ich denn nu rasch? (Laut.) Prima Donna bei der italienischen Oper — (für sich) ich habe 'mal bei Einer gedient. (Laut.) Signora Dörtini!

Ulfert. Ah Signora, molto amorevole, permette gli omaggi d'un ammiratore sincero!

Dörthe (gelassen). Legen Sie's man dahin! (Geht nach hinten, wo Uhland sie begrüßt und mit ihr spricht.)

Gollmitz (lacht). Bist Du jetzt abgefunden?

Ulfert. Verstellung! Ich kriege sie schon!

### 3. Scene.

**Ulfert. Gollmitz. Randow.** (Dann) **Wallberg.**

Randow (als Dorf-Schulze). Kinder, das ist ein colossaler Witz! Habe noch nie so gelacht! (Verzieht keine Miene.)

Ulfert. Dabei macht er ein Gesicht, als wenn er einen Mostrichtopf verschluckt hätte.

Gollmitz. Was ist denn los?

Randow. Wallberg — Frauenzimmer — Spreewälderin — verblüffend — da kommt er!

Wallberg (als Spreewälderin).

**Nr. 7. Arie.** (Melodie „Wildschütz".)

Bin ein schlichtes Kind vom Lande,
Mein Palast auf grüner Flur
Jene Hütt' am Wiesen-Rande,
Meine Amme — die Natur.
Freue mich inniglich,
Wenn die muntern Heerden treiben
Auf der luft'gen Berge Höh'n;
Auf dem Lande will ich bleiben,
Auf dem Lande ist's so schön.

Ulfert (pikt Wallberg in die Seite). Kille! Kille! Kille!

Wallberg (lacht wie ein gekitzeltes Land-Mädchen).

Randow. Apage, grüner Heuschreck! Hier ist das reifere Alter am Platz! (Faßt Wallberg um die Taille.)

**Wallberg** (lacht wie oben). Nicht kitzeln, Kinder! Ich muß Euch Beiden mein Herz verschließen; ich trage weit höheres Verlangen; mein Schwiegervater in spe ist nämlich hier, mit dem will ich mir 'nen Scherz machen und Ihr sollt mir dabei helfen.

**Ulfert.** Wir kennen aber den Mann gar nicht.

**Randow.** Ich kenne ihn.

**Gollmitz.** Ich auch; er heißt ja wohl Stralsund?

**Wallberg.** Du vergreifst Dich in der Station; Pasewalk heißt er. Uebrigens könnt Ihr ihn gar nicht verfehlen, er ist als Onkel Bräsig hier.

**Randow** (verwundert). Onkel Bräsig? Wie kommt der Kaffer zu „Ut miene Stromtied"?

**Wallberg.** Er war als Geselle in Mecklenburg und spricht sehr gut platt. (Sieht in die Coulisse.) Lupus in fabula! Da kommt er mit seiner Familie! Die Hauptsache ist, daß Ihr ihn isolirt. Seht zu, wie Ihr das anfangt! Ich lege mich auf die Lauer! (Ab zur Seite.)

### 4. Scene.

**Randow. Ulfert. Gollmitz. Pasewalk. Friederike. Else. Lux.**

(Pasewalk trägt das Costüm des Onkel Bräsig, Friederike einen dem entsprechenden Frauenanzug. Else ist als elsässische Bäuerin costümirt, Lux in einem beliebigen Bauern-Anzug.)

**Pasewalk.** Daß Du die Nase in's Gesicht behältst! Ob ich nu wohl den Swinemagen, den Wallberg, in das grausame Gedränge finde! (Dreht sich nach Lux und Else um.) Ich möchte Euch doch dem entsamten Windhund mit Plaischir als verlobtes Paar vorstellen. (Sucht mit den Blicken überall umher.)

**Ulfert** (zu Randow und Gollmitz). Wie isoliren wir ihn denn nun?

**Randow.** Ich hab's! (Winkt Lanzke herbei, der mit einer halben Champagner kommt. Sie sprechen leise mit ihm, und das Ende ist, daß Ulfert den Champagner nimmt.)

**Pasewalk** (bis zum Schluß der Scene platt sprechend). Nirgends zu sehen! Indessen (zu Lux und Else) wie promenirt Ihr denn? Ist das eine Unterfassung für Liebesleute? Ihr geht ja zusammen, als wenn Ihr schon zwanzig Jahre copulirt wäret!

**Else.** Wir gehen eben, wie es uns bequem, Papa!

**Pasewalk.** Ich hatte drei Bräute, ich kenne das! Du hast es mit der Schanierlichkeit! Eine Braut muß sich ansmiegen wie die grüne Bohne an dem Hering — (sich verbessernd) an dem Spaliere, wollt' ich sagen. (Drängt sie näher aneinander.)

Ulfert (der die Flasche Sekt hinter dem Rücken versteckt trägt, nähert sich mit Gollmitz Pasewalk). Gu'n Tag, Unkel Bräsig!

Pasewalk. Daß Du die Nase in's Gesicht behältst! Ihr kennt mir, Kinnings?

Gollmitz. Wer wird den Unkel Bräsig nicht kennen? Wie kommen Sie in's Märk'sche?

Ulfert (practizirt während des Folgenden die Flasche Sekt in die hintere Rocktasche Pasewalk's, so daß der Silberkopf herausguckt).

Randow (nähert sich Pasewalk. Er spricht ebenfalls bis zum Schluß der Scene platt). Gu'n Tag, Herr Entspekter! Das ist Recht, daß Ihr Euch 'mal aufgemacht habt, auf Eure per pedibus! — Wie ist denn die Heuernte gerathen?

Pasewalk. O gut; Ihr habt wohl Hunger?

Randow (für sich). Das Rhinoceros macht Witze! (Laut.) Na, wie amüsirt Ihr Euch denn bei die Künstlers?

Pasewalk. Was mich am meisten gefällt, dat is, daß die Menschen Alle so fiffig aussehn, dieweil ich sülvsten kein dummer Kerl bin!

Randow (faßt Pasewalk unter's Kinn). Scharfsinniger Kopf! (Auf die Stirn tippend.) Geniale Gedankenwand! Große Ideen d'rin! (Klopft ihm auf die Stirn.) Raus damit!

Pasewalk (lacht unbändig).

Randow. Aber, was ist denn das, Herr Entspekter? (Zieht ihm den Sekt aus der Tasche.)

Pasewalk. Das ist eene Buddel Schlampagner.

Randow. Das sehe ich; aber wie kommt die in Eure Tasche?

Pasewalk. Das weuß der Teufel! Muß mich Jemand aus Hinterlistigkeit hineinpraktizirt haben.

Lanzke. Die Flasche ist mich gemopst!

Pasewalk. I Du drehbeiniger Haideläufer! (Packt Lanzke.)

Lanzke (empört). Er vergreift sich an einen Jott!

Ulfert und Gollmitz (befreien Lanzke).

Pasewalk (zu Lanzke). Sie kommen mir blos wieder in meine Küche!

Randow. Thut mir leid, Unkel, ich muß meiner Pflicht als Wächter des Gesetzes genügen. (Zu Ulfert und Gollmitz.) In's Prisong!

Pasewalk. Daß Du die Nase — Ihr wollt mir verarretiren?

Randow. Ohne Umstände, Herr Entspekter, Ihr seid überführt und geständig! Ihr werdet zu fünf Minuten Gefängniß verurtheilt.

Friederike. Mein Mann ist unschuldig; ich kann's beschwören.

Else. Aber, Mama, merkst Du denn nicht? Es ist ja nur ein Künstlerscherz.

Pasewalk. Wenn's ein Witz ist, soll's mich auf die fünf Minuten nicht ankommen. (Greift nach dem Sekt.)

Randow. Das corpus delicti bleibt in den Händen der Obrigkeit!

Pasewalk. Oller Gnietsch=Peter!

Ulfert und Gollmitz (führen ihn zum Affenhaus, dessen Thür sie öffnen).

Pasewalk. Was? In den Affenkasten soll ich? Da drin ist's ja ganz finster!

Randow. Wenn Ihr noch lange räsonnirt, wird Eure Haftzeit verdoppelt!

Pasewalk (befaßt die Thür des Affenhauses). Das ist ja Pappe! Wenn Ihr mich nicht bald 'rausläßt, schneide ich Euch ein Loch in die Thür! (Er wird hineingedrängt, die Thür verriegelt.)

Friederike. Nun sperren sie Vatern ein, und ich habe fürchterlichen Durst!

Lux (der während des Vorhergehenden mit Else promenirt und sich die Plakate besehen zc). Wir wollen hier in diesem Zelt Kaffee trinken.

(Sie wenden sich zu dem Zelt. Friederike tritt hinein. In dem Moment, wo Lux und Else ihr folgen wollen, werden sie von Laura bemerkt, die schon früher aufgetreten.)

5. Scene.

Lux. Laura. Else.

Laura (als Altenburger Bäuerin). Else, was ist denn da mit Deinem Vater geschehen?

Lux. Er wird dingfest gemacht, meine Gnädige, weil man ihm einen Diebstahl in die Schuhe schiebt. Die kleinen Diebe greift man auf, und (mit Beziehung) die großen Spitzbübinnen läßt man laufen.

Laura. Dabei sehen Sie mich so sonderbar an?

Else. Herr Lux bekam hier auf dem Fest durch einen Dienstmann ein Billet von einer Dame.

Lux. Der bewußten Zeitungs-Wittwe.

Laura (lachend). Ja, das weiß ich; sie ist hier, ich gratulire Ihnen, Sie haben ihr entschieden gefallen.

Lux. Muß aber die gewünschte Annäherung höflichst ablehnen.

Laura. Ohne auch nur die Dame zu sehen?

Else. Herr Lux hat ganz andere Wünsche!

Friederike (ruft aus dem Zelt). Else, wo bleibst Du denn?

Else. Ach, wir vergessen ganz die Mama! Komm mit, Tantchen, eine Tasse Kaffee trinken.

Laura. Gern! (Else unterfassend, halblaut). Du mußt mir aber auch sagen, welcher Art die Wünsche sind, die Herr Lux hegt.

Else (ebenso). Das sagt er Dir besser selbst.

Lux. Sie sehen bezaubernd in diesem Kostüm aus, gnädige Frau!

Else. Mir kommt vor, als wenn es ein bißchen kurz wäre.

Laura. Als Bäuerin? (Alle drei ab in's Zelt.)

## 6. Scene.

**Pasewalk.** (Dann) **Wallberg.** (Dann) **Ulfert. Gollmitz.**

Pasewalk (klopft und ruft). Meine Zeit ist um! Machen Sie keine schlechten Witze! Ich will 'raus! (Neues Klopfen. Plötzlich sieht man ein Messer von innen durch das Bild des Orang-Utang dringen und anscheinend eine Oeffnung machen, daß gerade der Kopf des Affen herausgeschnitten erscheint. Durch diese Oeffnung steckt Pasewalk sein Gesicht. — Der Affenkopf bildet eine Klappe, die sich nach innen öffnet; sobald Pasewalk sich zurückzieht, fällt die Klappe herunter und der Affe ist wieder complet.)

Pasewalk. Das geht über'n Spaß! Denken Die, ich bin hierher gekommen, die Affenbude trocken zu wohnen?

Wallberg (kommt).

Pasewalk. Ein Frauenzimmer? (Ruft.) Pst! Sie da, Kleine!

Wallberg. Wer ruft mich? Herr Gott, der Affe!

Pasewalk. Schieben Sie 'mal hier den Holzriegel zurück!

Wallberg. Nee, ich fürchte mich! Sie beißen am Ende.

Pasewalk (für sich). Das kann ich übrigens allein thun. (Steckt den Arm durch die Oeffnung, schiebt den Riegel zurück und kommt heraus.)

(Ulfert und Gollmitz erscheinen im Hintergrunde und lauschen.)

Wallberg. Er bricht aus! (Flüchtet sich mit einem Schrei.)

Pasewalk. Fürchte Dich doch nicht! Ich bin ja ein Mensch!

Wallberg. Na, wer's glaubt! (Bleibt stehen.)

Pasewalk (nähert sich der Amme). Du bist ja ein ganz niedlicher Käfer. — (Streichelt Wallbergs Hand.) Wie Sammt!

Wallberg (hält ihm die Hand zum Kuß hin). Sie gefallen mir —

Pasewalk. Du mir auch! (Küßt ihm die Hand.)

(Ulfert und Gollmitz lachen laut auf.)

Wallberg (schreit entsetzt). Die haben's gesehn! (Er läuft mit großen Schritten ab.)

Pasewalk. Pusselchen, hör' doch mal! (Läuft ihm nach.)

## 7. Scene.

**Toni. Erich. Kurt. Ulfert. Gollmitz. Bauern und Bäuerinnen.**

Toni (als Zigeunerin, das Cymbal schwingend, eilt, gefolgt von dem ganzen Schwarm auf die Bühne).

### No. 8. Zigeunerlied.

Aus der Pußta stamm' ich her,
Zieh' die Welt durch, kreuz und quer,
Vogelfrei von Ort zu Ort,
Tanze hier und singe dort;
Nehm's auch als Zigeunerblut
Nicht genau mit fremdem Gut;
Was sich wegstibitzen läßt,
Hält Zigeunermädel fest,
Dreht sich um und lacht dabei
In's Gesicht der Polizei.
Lalala. Lalala.

(Sieht Ulfert und Gollmitz lachend in's Gesicht).

Chor (repetirt). Lalala.

Baron Erich (im Vordergrunde zu Kurt). Ich sage Dir, es ist ganz zweifellos: das ist die Schlächtertochtter!

Toni

(singt die zweite Strophe).

Bube kann nicht widerstehn
Hat Zigeun'rin er gesehn,
Ihrer Augen dunkler Blitz
Setzt des Buben Herz in Hitz',
Aber wenn er küssen will,
Hält Zigeun'rin nimmer still,
Fliegt davon, wie Schwalbe fliegt,
Die sich schlank in Lüften wiegt,
Lacht, wenn Einer fleht: „Sei mein!"
Frei will braunes Mädel sein.
Lalala. Lalala.

Chor (repetirt). Lalala.

Toni

(lacht Erich und Kurt in's Gesicht, spricht dann zu den sie Umgebenden).

Leutchen, zeigt mir Eure Hand,
In den Linien laßt mich lesen,
Ihre Schrift ist mir bekannt;
Was da sein wird, was gewesen,
Euer ganzer Lebenslauf
Thut sich meinen Blicken auf!

(Mischt sich unter die Leute, die ihr lachend die Hände hinhalten, aus denen sie anscheinend wahrsagt.)

Erich (währenddessen zu Kurt). Nun weißt Du's, weshalb sie mich düpirt hat! (Trällert.) „Frei will braunes Mädel sein."

Kurt. Sie ist entzückend, Onkel! Sprich nur gleich mit dem Vater; er ist ja hier! Kläre ihm das Mißverständniß auf!

Erich. Du bist ja ganz Feuer und Flamme?

Kurt. Ich setze Kopf und Kragen daran, die kleine Hexe zu gewinnen.

Erich. Hu! Der reine Dynamit! — Aber, Du hast Recht: „Frische Fische — gute Fische! Ich werde mir den Alten gleich 'mal aufsuchen. (Ab.)

Kurt. Wahrhaftig! Um solcher Tochter willen nehme ich die Eltern mit in Kauf! (Geht zu Toni und hält ihr lächelnd die Hand hin.)

Wollt Ihr 'nem armen Pinselhelden
Nicht auch was von der Zukunft melden?

Toni. Gern! (Besieht seine Hand.) Pinselheld?
Du glaubst wohl, daß Du mich bethörst?
Apoll ist nicht der Gott, auf den Du schwörst,
Du wandelst auf dem Marschalls-Pfad,
Viel Glück! (Salutirend.) Gu'n Morgen, Kamerad!

(Eilt lachend nach hinten.)

(Fanfare.)

Ulfert. Was ist denn los?

Gollmitz. Die Tyroler kommen!

(Während des Folgenden wird ein Tisch in die Mitte der Bühne gestellt, an welchen sich ein Tyroler zum Citherspiel setzt. — Von allen Seiten strömen die Bauern und Bäuerinnen herbei. — Lux, Laura und Friederike treten aus dem Zelte. — Pasewalk kommt mit Erich von der Seite.)

## 8. Scene.

### Alle Personen dieses Bildes.

Pasewalk (im Auftreten zu Erich). Verlieren Sie kein Wort, Herr Baron, die Sache ist abgemacht! Kommen Sie morgen zu mir und holen sich das Jawort!

Erich (geht zu Kurt auf die andere Seite. Beide ab).

Lux (da er Pasewalk kommen sieht, zu Else). Thun wir recht zärtlich, damit Ihr Papa zufrieden ist! (Küßt ihr die Hand.)

Pasewalk (dies bemerkend, stürzt wie ein Habicht zwischen Else und Lux). Auseinander!

Friederike. Toni. Else. Laura. Wie? Was?

Lux. Aber Schwiegerpapa!

Pasewalk. Der Deibel ist Ihr Schwiegerpapa! Die Sache ist alle!

Lux. Ihre Gründe?

Pasewalk. Habe ich nicht nöthig, Ihnen zu sagen, und wenn Sie noch ein Wort reden, fliegen Sie 'raus!

Lux (für sich). Der Kerl ist unbezahlbar!

Ulfert (am Tische sitzend, erhebt sich und annoncirt). Jetzt kummt amal: „Zillerthal, Du bischt mei Freud" — (setzt sich).

(Alles gruppirt sich um ihn.)

**No. 9. Tyroler-Lied mit Chor und Tanz.**

**Ulfert.**
Morgens, wenn ich früh erwacht,
　　Dui, Dui, Duide!
Hat mein Herz schon wied'rum gelacht,
　　Dui, Dui, Duide!
Nehm' mein Büchserl und mein Ranzerl,
Schieß' ein Hirscherl oder Gamserl,
　Zillerthal, Du bischt mei Freud!
　　Dui, Dui, Duide!

　　**Alle** (repetiren).
　Zillerthal, Du bischt mei Freud!
　　Dui, Dui, Duide!

**(Schuhplattler-Tanz.)**

**Wallberg.**
So ein Jodler, meiner Seel',
　　Dui, Dui, Duide!
Geht in's Blut und macht fidel!
　　Dui, Dui, Duide!
Ist's im Zillerthal schon niedlich,
Auch im Spreewald ist's gemüthlich,
　Spreewald, Du, Du bischt mei Freud!
　　Dui, Dui, Duide!

　**Alle** (jodeln und tanzen wie oben).

**Randow.**
Wo die Zither fröhlich klingt,
　　Dui, Dui, Duide!
Und wo Alles lustig singt,
　　Dui, Dui, Duide!
Wird es mir wohl auch gelingen,
Mir 'nen Jodler abzuringen,
　Habe lang' nicht so gelacht.
　　Dui, Dui, Duide!

**Pasewalk.**
Und nun erst mein schön Berlin,
　　Dui, Dui, Duide!
Freuden mancherlei da blüh'n,
　　Dui, Dui, Duide!

Aber solche nette Jöhre (deutet auf Wallberg)
Find't man nirgends hier — auf Ehre.
Spreewald, Du, Du bischt mei Freud!
Dui, Dui, Duide!
(Bei der letzten Strophe bleibt das Nachspiel fort.)
(Pasewalk will Wallberg umarmen, dieser küßt ihn.)

**Friederike** (aufschreiend). Aber August!
**Der ganze Künstlerchor** (unisono). Aber August!
**Wallberg** (zuletzt in tiefem Baß). Aber August!
**Pasewalk** (schreit entsetzt). Wallberg! (Fällt gegen den Tisch, auf welchem die Cither liegt; der Tisch fällt um, die Cither bleibt in seiner Hand, er streicht verzweifelt mit den Fingern über die Saiten und ruft). Ich zittere am ganzen Leibe!
**Alle** (lachen).
**Toni** (fällt mit allen auf der Bühne befindlichen Personen in den Refrain des Jodlers ein).
Pasewalk, Du bischt mei Freud!
Dui, Dui, Duide!

(Unter allgemeinem Jubel fällt der Vorhang.)

# Dritter Akt.

## 5. Bild.

(Decoration wie im zweiten Bilde.)

### 1. Scene.

**Dörthe.** (Dann) **Else.** (Dann) **Toni. Friederike.**

**Dörthe** (kommt mit einer Zeitung durch die Mitte, geht an die erste Seitenthür rechts und klopft). Fräulein Else!

**Else** (im Frisir-Mantel aus der Thür tretend, haftig). Nun? Ist die Zeitung da?

**Dörthe.** Hier ist sie! — Ich hätte eine Bitte an Sie, Fräulein Else; Sie verstehen doch Italjenisch?

Else. Später, Dörthe! Jetzt habe ich keinen Moment Zeit!

Dörthe. Schön; ich werde warten! (Ab durch die Mitte.)

Else (mit Bezug auf die Zeitung). Endlich! Die Aufregung ließ mir schon den ganzen Morgen keine Ruhe! (Eilt an eine andere Seitenthür und ruft hinein.) Mama! Toni!

Toni (von innen). Wir sind noch beim Frisiren.

Else. Ich ja auch;. aber die Zeitung ist da.

Toni (tritt im Frisir-Mantel mit aufgelöstem Haar auf die Scene). Die Zeitung? Steht wirklich was d'rin? Ich bin doch zu begierig.

Friederike (folgt Toni; sie ist ebenfalls im Frisir-Mantel). Ist das Unglücksblatt da? Papa hat die ganze Nacht kein Auge zugethan! Ein Mal über's andere brummte er was von einer Blamage vor ganz Europa, und das Alles blos, weil Wallberg ihm beim Nachhausefahren zugerufen: „morgen früh steht die ganze Geschichte in Ihrer Zeitung!"

Else (die in der Zeitung blättert und den Artikel sucht). Mir hatte aber Wallberg die Versicherung gegeben, der Bericht würde den Papa nicht lächerlich machen, im Gegentheil. Der Referent des Blattes ist ja Wallberg's Freund, ein Maler Ulfert. (Immer suchend.) Ich finde den Artikel gar nicht.

Toni (nimmt die Zeitung). Geben Sie nur her, Sie sind zu erregt! (Liest.) „Lokales" — „Provinzielles" — „Wissenschaft und Kunst" — (spricht) da ist es ja schon! (Liest.) „Das Künstlerfest im Grunewald."

Else. Friederike. Rasch! Lesen Sie!

Toni. Das sind ja drei Spalten! Wir wollen die Stelle suchen, auf die es uns ankommt. Halt, hier habe ich sie! (Liest.) „Das Publikum amüsirte sich ungeheuer über Herrn Pasewalk, ohne zu ahnen, wie dieser sich über die Zuschauer amüsirte; denn, wie wir von Herrn Wallberg selbst erfahren, war das ganze komische Intermezzo ein zwischen Herrn Pasewalk und ihm abgekarteter Scherz."

Else. Das ist himmlisch!

Toni (fährt fort zu lesen). „Eine Mystification war schon darum ausgeschlossen, weil in Onkel Bräsig und der vermeintlichen Spreewälderin Schwiegervater und Schwiegersohn in spe sich gegenüberstanden." (Spricht.) Brillant geschoben!

Friederike. Gott sei Dank! Nun wird doch der Papa sich wieder beruhigen. Die Geschichte hat ihn ganz krank gemacht. Heute Morgen suchte er heimlich sein altes Magen-Recept heraus und schickte es in die Apotheke.

Toni. Warum denn heimlich?

Friederike. Um sich kein Dementi zu geben. Es geht sogar so weit, daß er die Medicin in eine Liqueur=Flasche gegossen hat, damit ich nur um Gotteswillen nichts merke.

## 2. Scene.

**Vorige. Laura.** (Dann) **Dörthe.**

Laura (durch die Mittelthür). Ist's erlaubt?

Friederike. Komm nur! Sieh uns aber nicht an!

Laura. Es ist bald Elf, und Ihr noch in den Frisirmänteln?

Else. Wir sind sehr spät zu Bett gegangen.

Friederike. Es ist ein Scandal! Wenn Jemand käme —

Toni. Malen Sie den Teufel nicht an die Wand!

Laura (zu Friederike). Ich wollte nur hören, wie Deinem Manne der gestrige Spaß bekommen ist.

Friederike. Frage gar nicht!

Laura. Heute giebt's noch ein Nachspiel: die Herausforderung zum Zweikampf.

Friederike (erschreckt). August ein Duell?

Laura. Zwölf Duelle! Aber alle höchst unblutig! August hat angeblich das ganze Künstlercorps beleidigt und soll so lange von Einem nach dem Andern gefordert werden, bis er mürbe ist.

Friederike. Das geht doch zu weit!

Laura. Wallberg hat's ja Deinem Manne vorhergesagt: „Sie werden nicht eher Ruhe vor mir haben, als bis ich Ihr Schwiegersohn bin!" Professor Randow macht heute den Anfang mit einem amerikanischen Duell.

Else. Papa wird sich auf keine Forderung einlassen.

Laura. Dann kommt's in die Norddeutsche, daß er ein Feigling ist.

Dörthe (kommt durch die Mitte). Herr Lux wünscht aufzuwarten.

(Fast zugleich) { Friederike. Da haben wir's! Ich bin bei der Toilette.
Else. Ich bin ausgegangen!
Toni. Ich bin verreist!

(Alle Drei rasch in verschiedene Thüren ab.)

Laura. Nun lassen sie mich allein! Mir ist zu Muthe, als stände ich vor einer Katastrophe. (Mit humoristischem Seufzer.) Na, wie der Himmel will! (Zu Dörthe.) Laß ihn eintreten!

Dörthe. Ich hätte eine Bitte an Sie, Sie verstehen doch Italjenisch?
Laura. Später, Dörthe! Herr Lux wartet.
Dörthe. Ja wohl! (Für sich). Es ist, als ob's nicht sein sollte. — (Oeffnet die Mittelthür.) Bitte!
(Lux tritt ein. — Dörthe geht ab.)

### 3. Scene.
**Laura. Lux.** (Dann) **Pasewall.**

Lux (tritt ein, stutzt bei Laura's Anblick und verbeugt sich schweigend ceremoniös).
Laura. Sie bieten mir keinen guten Morgen?
Lux (citirend).
„Heiß' mich nicht reden, heiß' mich schweigen,
Denn mein Geheimniß ist mir Pflicht!"
Laura. Wenn ich mich recht entsinne, heißt es weiter:
„Ich möchte Dir mein ganzes Inn're zeigen,
Allein das Schicksal will es nicht!"
Lux (tragisch). Allein das Schicksal will es nicht!
Laura. Ein Weinreisender und Weltschmerz? Wie verträgt sich das?
Lux (mit schwerem Seufzer). Man hat mir meinen Humor geraubt!
Laura (lachend). Man? Wer war so grausam?
Lux. Sie wären nicht von Evas klugem Geschlecht, wenn Sie nicht gestern schon errathen hätten, wie es um meine arme Seele steht. Ich fürchte, meine Weinproben werden sauer, wenn ich die Flaschen nur ansehe, und die Liebe ruinirt mich auch in meinem Geschäft.
Laura. Aber leider bin ich außer Stande, Ihre Weine vor dem Verderben zu retten; denn da Sie jede Annäherung an meine Freundin abgelehnt —
Lux. Müssen Sie mich zurückweisen?
Laura. Ohne Gnade!
Lux. Mein Verstand muß auch schon gelitten haben, denn diese Logik zu fassen, bin ich unfähig.
Laura. Sie werden mich leicht begreifen, sobald Sie meine Freundin sehen.
Lux (immer verwunderter). Aber, gnädige Frau —
Laura. Wenden Sie doch nur den Kopf; sie steht hinter Ihnen!

Lux (dreht sich unwillkürlich und sieht Laura's ganze Gestalt in dem ihr gegenüberstehenden Trumeau. Er ruft sehr überrascht). Wie? Das wäre — Ihre Freundin?

Laura (nickt). Guten Morgen, Herr Lux!

Lux. O, nun begreife ich!

Laura. Endlich!

Lux (vor dem Spiegelbilde). Holdes, einziges, himmlisches Wesen, vergieb mir meine blöde Kurzsichtigkeit, ich will lebens= lang Buße dafür thun, als Dein Sclave zu Deinen Füßen — (will hinknieen, besinnt sich und umarmt Laura, die hinter ihn ge= treten) nein, in Deinen Armen, an Deinem Herzen!

Laura (sich sträubend). Wenn man uns überraschte!

Pasewalk (kommt von der Seite). Was werden denn hier für lebende Bilder gestellt am frühen Morgen?

Laura. So wirst Du uns jetzt öfter sehen, lieber August; denn kurz und gut, er wird Dein Schwager!

Pasewalk. Meinen Segen!

Lux. Wenn wir den haben, kann es uns ja nicht fehlen! (Beide Arm in Arm ab.)

4. Scene.

**Pasewalk.** (Dann) **Lanzke.**

Pasewalk (mit Bezug auf die Zeitung). Da liegt der Wisch! Ob ich's lese? Nee! Wozu soll ich mich erst aufregen? (Zerknittert die Zeitung und steckt sie in die Schlafrocktasche.) Verdammte Oeffentlich= keit! An der Stelle, wo sonst die kalten Wasserstrahlen nach Paris gespritzt werden, steht nu meine Küsserei mit der Amme; die ganze haute volée amüsirt sich über mich, und Bismarck hält sich den Bauch vor Lachen. (Greift sich an die Stirn.) Die Kopfschmerzen! — Und die Magenschmerzen! (Nimmt aus der Schlafrocktasche eine mit Leder überzogene Jagd=Likör=Flasche, deren Stöpsel das Gläschen bildet, und gießt das letztere aus der Flasche voll.) Das Zeug schmeckt schrecklich; aber was hilft's? (Leert das Glas auf einen Zug und schneidet ein fürchterliches Gesicht.) Baldrian mit Rhabarber und ein Schuß Benzin!

Lanzke (durch die Mitte). Morgen, Herr Pasewalk! Schon so fleißig?

Pasewalk (für sich). Der niederträchtige Kerl, der mich gestern hat einsperren lassen. Na warte! Du kommst mir gerade recht! (Sehr freundlich.) Was wünschen Sie, Herr Lanzke?

Lanzke. Ich komme im Auftrage des Herrn Wallberg.

Pasewalk (immer freundlicher). So, so, so! Was will denn der liebe, gute Wallberg?

Lanzke. Er schickt Ihnen die Norddeutsche von heute Morgen.

Pasewalk (nimmt das Blatt). Wie er grinst! Der hat's schon gelesen! (Laut.) Sehr freundlich! Er hätte sich aber nicht zu bemühen brauchen; er weiß ja, ich bin darauf abonnirt, schon drei Jahre.

Lanzke. Drei Jahre? Da kann ja ein Orden nicht ausbleiben! Guten Morgen! (Will fort.)

Pasewalk. Herr Lanzke, vielleicht ein Gläschen gefällig?

Lanzke (sehr vergnügt). So was verschmäht man nie, Herr Pasewalk!

Pasewalk (füllt das Gläschen aus der Jagdflasche und reicht es ihm). Prächtiges Liförchen!

Lanzke. Sie werden nichts Schlechtes trinken, Herr Pasewalk. Ihr Wohl!

Pasewalk. Wohl bekomm's!

Lanzke (leert das Glas mit einem Zuge). Verflucht und zugenäht! (Er schneidet eine fürchterliche Grimasse, da er jedoch merkt, daß Pasewalk ihn schadenfroh ansieht, nimmt er rasch eine heitere Miene an).

Pasewalk. Na, nicht wahr? Nicht übel?

Lanzke. Alle Achtung! (Für sich.) Ich glaube, der alte Gauner hat mir ein Brechmittel gegeben!

Pasewalk. Noch ein Gläschen?

Lanzke. Danke! Ich werde erst die Wirkung abwarten. (Ab durch die Mitte.)

## 5. Scene.

### Pasewalk (allein).

Pasewalk. Das giebt mir beinahe meine Laune wieder! (Die Salon-Uhr schlägt.) Elfe! Nu wollen wir uns sachte in Wichs werfen für den Baron. Kommen thut er auf alle Fälle! Er war ja gestern Feuer und Flamme für die Else. Der Neffe scheint freilich etwas schüchterner Natur zu sein, so ein Liebhaber aus der guten alten Zeit, wie ich Einer war. Das findet man heutzutage fast gar nicht mehr.

### Couplet.

(Folgt bei Zusendung der Partitur.)
(Nach dem Couplet ab.)

## 6. Scene.

**Dörthe. Ulfert** (durch die Mitte).

Ulfert (im Visiten=Anzug, ein Bouquet in der Hand).

Dörthe (die ihn vor sich eintreten läßt). Aber, mein Herr, wenn ich Ihnen doch sage, hier wohnt keine italienische Sängerin?

Ulfert (stutzend, für sich). Diese Stimme! Diese Figur! (Laut.) Erlauben Sie! (Geht um sie herum.)

Dörthe (sich seinen Bewegungen nachdrehend). Ja, was wollen Sie denn von mir?

Ulfert. Na, Kleine, mach' nur keine Geschichten! Die Signora von gestern bist Du.

Dörthe (lachend). Ihre Visite gilt also eigentlich mich?

Ulfert (entsetzt, für sich). Mich?! Und darum weiße Binde und Lackstiefel! O Muse, verhülle Dein Haupt! (Zu Dörthe, die noch immer lacht.) Du hast mich also zum Narren gehalten?

Dörthe. Ja, wenn Du's selber sagst!

Ulfert. Ach so! Sie haben Ihre Rolle so ausgezeichnet gespielt, mein Kind, daß Ihnen Jeder auf den Leim gegangen wäre!

Dörthe. Das liegt so drin! Wie haben Sie aber meine Adresse erfahren?

Ulfert. Ich verdanke sie der Liebenswürdigkeit des Professors Randow. Der alte Mephisto sah uns miteinander und klopfte mir hinterdrein auf die Schulter: (Im Tone Randow's.) „Wenn Sie der Signora Visite machen wollen, ich weiß, wo sie wohnt. Sehr distinguirte Dame! Man wird nur in grande toilette vorgelassen!" (Plötzlich den Ton ändernd.) Apropos, haben Sie nicht auch ein Billet heute Morgen erhalten?

Dörthe (zieht das Billet hervor). Der Dienstmann frug nach der Signora Dörtini, und da sagte ich ihm, das wäre hier richtig. Nun können Sie mir's auch gleich übersetzen.

Ulfert (steckt das Billet in die Tasche). Das hat jetzt keine Eile mehr! Doch, wenn Sie Niemand sagen, wie ich hineingefallen bin, will ich Ihnen den Strauß schenken.

Dörthe (nimmt das Bouquet). Die prachtvollen Blumen! Danke! Danke! Ich will sie gleich in's Wasser stellen! (Geht nach hinten, wo eine Blumen=Etagère steht, und stellt das Bouquet in eine der darauf befindlichen Vasen.)

Ulfert (ihr nachsehend, für sich). Einem Dienstbesen ein Bouquet für 15 Mark! Wenn ich blos wüßte, wie ich dem

Randow auch 'nen Schabernack spiele! Halt! Ich hab's! (Laut.) Hören Sie mal, Signora Dörtini, kann man nicht Ihren Herrn sprechen?

Dörthe. Ich glaube nicht; er ist heute den ganzen Morgen sehr brummig.

Ulfert. Mich wird er schon empfangen! Sagen Sie ihm nur: der Verfasser des heutigen Artikels in der Norddeutschen über das Künstlerfest wünsche ihn zu sprechen!

Dörthe. Ja wohl! (Ab.)

Ulfert. So räche ich mich glänzend an Randow! Ich versalze dem alten Fuchs den Spaß hier mit dem amerikanischen Duell; das ärgert ihn mehr, als alles Andere! (Sich umsehend.) Wie der ci-devant Schlächter wohnt! Wieviel Ochsen müßte unser Einer wohl malen, um sich so ein Haus zu bauen, aber zusammengeschlachtet ist das sehr bald!

Dörthe (kommt). Herr Pasewalk läßt bitten, aber wenn ich Ihnen meinen Rath geben darf, gehen Sie lieber nicht hinein.

Ulfert. Weshalb denn nicht?

Dörthe. Ich weiß nicht, er hat sich auf so eigenthümliche Weise die Aermel aufgekrempelt.

Ulfert. Du meinst doch nicht etwa? (Pantomime.)

Dörthe. Dem ist Alles zuzutrauen!

Ulfert. Unsinn! Mille grazie, piccola mia! (Küßt sie im Vorüberstreifen, dann ab.)

Dörthe (die sich ruhig küssen läßt). Sein Glück, daß Wilhelm das nicht gesehen hat!

## 7. Scene.

**Vorige. Else. Toni.**

(Else und Toni kommen in sehr eleganten Toiletten von links.)

Toni. Du hast Dich sicher getäuscht!

Else. Ich gehe jede Wette ein, es war der alte Baron, der aus dem Wagen stieg — (man hört draußen klingeln) da ist er schon! Dörthe, führe ihn gleich hier herein!

Dörthe. Ja wohl! (Ab.)

Toni. Diesmal bleibst Du aber dabei!

Else. Fällt mir gar nicht ein! Seine Else bist Du ja! Gute Unterhaltung! (Ab.)

## 8. Scene.

**Toni. Baron Erich.** (Dann) **Else.** (Dann) **Laura.**

Dörthe (läßt den Baron eintreten und geht ab).

Baron (Toni's Wesen im dritten Bilde leicht copirend). Guten Tag, Fräulein! Finde ich Vater'n diesmal zu Hause?

Toni (schluckend). Herr Ba — — (für sich) er bleibt mir in der Kehle stecken!

Baron. Sie thun ja so verlegen? Wenn er etwa wieder Kälber besieht, mir können Sie's ja sagen.

Toni. Herr Ba — — (Stockt wieder.)

Baron. Ich glaube fast, daß Sie über das „Ba" nicht hinauskommen.

Toni. Herr Baron, ich merke Ihre Absicht —

Baron (rasch, artig). Und Sie werden verstimmt? Das ist meine Absicht nicht! Und eine Dame Kobold wie Sie darf auch nicht die Laune verlieren, wenn es aus dem Walde heraus wie hinein schallt.

Toni. Verzeihen Sie, ich habe Sie neulich beleidigt!

Baron. Nur choquirt, nachträglich aber desto mehr amüsirt. Darf ich jetzt den Beweggrund Ihrer schauspielerischen Leistung erfahren? Oder vielleicht errathe ich ihn und erleichtere Ihnen das Geständniß. Sie hatten Furcht, Baronin Elmenhorst zu werden.

Toni (sich vergessend, lebhaft). O nein!

Baron. Ah, nie habe ich ein „Nein" mit so vielem Vergnügen gehört! Also brennt in dem Herzchen da noch keine Flamme, die mein Neffe als heiliges Feuer schonen müßte?

Toni (schüttelt gesenkten Blickes den Kopf).

Baron (ihr näher tretend). Nun, so bekennen Sie, warum Sie mich neulich düpirt, Fräulein Pasewalk!

Toni. Ich bin gar nicht Fräulein Pasewalk.

Baron (lebhaft ihre Hand ergreifend). Nicht Pasewalk's Tochter?! Aber wer, wer sind Sie?

Toni. Ein Predigerkind; meine Eltern sind todt, und ich fungire hier als Elsen's Gesellschafterin. Wir sind entfernt verwandt.

Baron. Also ganz Waise von Lowood? Jetzt interessirt mich zunächst nur die Frage, ob Ihnen mein Neffe Kurt als Lord Rochester willkommen wäre?

Toni. Der Lord hält mich ja für die reiche Tochter des Hauses.

Baron. Ich denke, er wird mit dem Tausch aus mehr als einem Grunde sehr zufrieden sein. Sie haben sein ganzes Herz gewonnen! Was sehen Sie mich so groß an? Glauben Sie mir nicht? Soll er selbst kommen und es Ihnen sagen? (Toni nickt lächelnd.) Ja? Nun denn, ich hole ihn, er mag seine Sache weiter führen — der Glückliche! (Küßt sie auf die Stirn und geht ab.)

Toni. Ist Alles ein Traum, oder ist es wirklich wahr?

Else (tritt aus der Seitenthür). Nun?

Toni (umarmt sie). Ach, Else, ich habe Dir viel zu erzählen!

Laura (durch die Mitte). Da bin ich wieder! Kinder, ich habe Euch viel zu erzählen!

Else. Du auch?

(Man hört Pasewalk's Stimme.)

Else. Der Papa! Kommt hier hinein! Ach, wenn ich Euch doch erst auch was zu erzählen hätte!

(Die drei Damen in Else's Zimmer ab.)

### 9. Scene.

**Pasewalk** (im Gesellschaftsanzug, weiße Binde ꝛc., und) **Ulfert** (kommen von links). (Dann) **Dörthe**. (Dann) **Randow**.

Pasewalk (Ulfert's Hand schüttelnd). Ich bin Ihnen sehr dankbar, junger Mann, der Artikel ist — wie gesagt — ausgezeichnet, da kann man nicht dran tippen. — Wenn auch nicht Alles wahr ist, es liest sich doch ganz hübsch.

Ulfert. Wallberg wird ja doch Ihr Schwiegersohn.

Pasewalk. Das muß ich nu besser wissen.

Ulfert. Was haben Sie eigentlich gegen ihn?

Pasewalk. Ich will keinen armen Schlucker zum Schwiegersohn, der nur auf mein Geld speculirt.

Ulfert. Wie wenig kennen Sie Wallberg! Uebrigens scheinen Sie auch über seine pecuniären Verhältnisse schlecht unterrichtet zu sein; sein letztes Bild, eine Antigone, ist mit 5000 Mark bezahlt worden.

Pasewalk. Antigone? Kenne ich nicht!

Ulfert. Sie führt auf dem Bilde den blinden Seher.

Pasewalk. Ein blinder Seher? So'n Unsinn! Und dafür 5000 Mark? Uebrigens braucht das heut zu Tage ein anständiger Kanarienvogel, um standesgemäß leben zu können.

Dörthe (kommt meldend). Herr Professor Randow!
Ulfert. Ah, da ist er! Haben Sie die beiden Zettel?
Pasewalk. Nu nee! (Zu Dörthe.) Ich lasse bitten.
(Dörthe ab.)
Pasewalk (zieht zwei gerollte Papierstückchen aus der Tasche). Hier sind die Loose! Nu kann er ziehen, welches er will, er hat das Vergnügen, sich todtzuschießen.
Ulfert. Ich bleibe im Vorzimmer. (Will durch die Mitte ab und stößt mit dem eintretenden Randow zusammen.)
Randow (schwarz gekleidet, auch Handschuhe und Halskragen schwarz, in der Thür). Nun, Ulfert? War's hübsch bei der Signora?
Ulfert. Meine Dankbarkeit, Professor, soll sich Ihnen durch mehr, als Worte, beweisen. Guten Morgen! (Ab.)
Randow (sieht ihm mißtrauisch nach, dann kommt er sehr ceremoniös nach vorn, verneigt sich kurz und sagt). Die Gesetze der Ehre sind Ihnen hoffentlich bekannt?
Pasewalk. Machen Sie keinen Summs, Herr Professor, ich weiß, weshalb Sie kommen. (Hält ihm die Loose hin.) Ziehen Sie!
Randow (perplex). Was? Ich?
Pasewalk. Versuchen Sie Ihr Glück, ob Sie das schwarze Kreuz kriegen oder ich!
Randow. Erlauben Sie 'mal, ich habe meine Loose mitgebracht. (Holt sie aus der Tasche.)
Pasewalk. Ist Ihr Papier besser, wie meins? Ziehen Sie, oder ich erkläre Ihnen für feige!
Randow (nimmt ein schwarzgerändertes Taschentuch heraus und wischt sich die Stirn). Gut, ich ziehe! (Zieht ein Loos.)
Pasewalk. Oeffnen Sie, Sie sehen mir auf Alles männlich gefaßt!
Randow (öffnet). Das Kreuz!
Pasewalk. Mein herzliches Beileid! Wann denken Sie nu an das christliche Werk zu gehen?
Randow. Zeigen Sie mal das andere Loos!
Pasewalk. Habe ich nicht nöthig!
Randow. Ihre Weigerung macht Sie verdächtig: Sie haben zwei schwarze Loose angefertigt.
Pasewalk. Und wenn schon! Zeigen Sie mal Ihre zwei Loose!

Randow (sieht ihn eine Weile schweigend an, dann steckt er seine Loose in die Tasche, drückt Pasewalk stumm die Hand und sagt, indem er sich zum Gehen wendet). Habe noch nie so gelacht!

Ulfert (steckt den Kopf durch die Mittelthür und lacht ihn schadenfroh an. Randow stülpt ihm seinen Hut auf den Kopf, der ihm bis über die Ohren geht. Beide ab).

## 10. Scene.

**Pasewalk.** (Dann) **Toni.** (Zuletzt) **Wallberg.**

Pasewalk. Der fordert mich sobald nicht wieder! Wo aber nur der Baron bleibt? Er wird mich doch nicht zum zweiten Male 'reinlegen?

Toni (auftretend, überrascht). Herr Pasewalk, Sie im Gala-Costüm?

Pasewalk. Ich erwarte den Baron.

Toni. Elmenhorst?

Pasewalk. Still! Mutter und Else wissen noch von Nichts. Merkst Du was?

Toni. Nein!

Pasewalk. Er hat Elsen erst gestern von der rechten Seite kennen gelernt. Merkst Du nu was?

Toni. Setzen Sie sich, bitte!

Pasewalk. Warum denn?

Toni. Damit Sie nicht umfallen! Der Baron war eben hier; er hatte mich für Ihre Else gehalten, und — merken Sie nu was?

Pasewalk. Das ist nicht wahr!

Toni (auf die Salon-Uhr deutend). Ehe die beiden Weiser auf der Zwölf sich treffen, wird er hier sein mit seinem Neffen. Mein Jawort hat er bereits.

Pasewalk (außer sich). J, da muß ja — — Luft! Was denkt sich denn dieser Dreschmaschinenfritze eigentlich? Ich bin blamirt, prosti — sto — sta — stuirt.

Toni. Sobald Sie auf Ihrem Dickkopf beharren, ja! Wenn Sie aber vernünftig sind —

Pasewalk. Vernünftig? Ich? Wie soll ich denn das machen?

Toni. So thun, als hätten Sie den Irrthum des Barons durchschaut und Ihr stilles Vergnügen daran gehabt; und wenn er mir nun seinen Neffen zuführt, stellen Sie ihm Elsen's Bräutigam vor!

Pasewalk. Das thu' ich nu schon aus Niederträchtigkeit. Lux muß wieder 'ran! Ja so, den hat meine Schwägerin gekapert.

Toni. Weshalb denn in die Ferne schweifen, sieh, das Gute liegt so nah'! (Nimmt die Zeitung vom Tisch.)

Pasewalk (aufbrausend). Wallberg?

Toni. Still! Still! Lassen Sie uns mal ein vernünftiges Wort reden! (Setzt den Finger an seine Brust.) Regt sich denn da unter der Weste rein gar Nichts bei Ihnen?

Pasewalk. Nicht piken!

Toni (doppelsinnig). Ich will aber piken! Ist ein Vater von der Natur bestimmt, der Feind seiner Kinder zu sein, oder ihr Freund? Kann er sich ein schöneres Alter schaffen, als wenn kindliche Dankbarkeit ihn früh und spät segnet? Wenn die Tochter täglich sagt: „er hat mir meine heißesten Herzenswünsche erfüllt, mein Glück ist sein Werk!" Und wenn dann die Enkel gesprungen kommen:

### Nr. 10. Duettino.

Toni.

Großpapa, Du lieber Großpapa!
„Na, ihr Karnickelchen, seid Ihr da?"
Großpapa, Hoppa! „Du willst auf den Schooß?
Laß mal den Kleinen, Du bist schon zu groß!
Hoppa, mein Häsechen!
Aber das Näsechen!
Hat Dir denn Mutter kein Schnupftuch gegeben?
Kind hat's verloren? Na komm, süßes Leben!"
(Dem Kind die Nase schnaubend.)
(Parl.) Hadzi!
(Singt.)
„Goldchen, mein Holdchen, mein Zuckerkind, ja?"
Ja, lieber Großpapa — papa — papa!

Beide.

Goldchen, mein Holdchen ꝛc.

Pasewalk.

Großpapa, Ticketack, Ticketack!
(Zieht seine Taschenuhr heraus.)
„Kind holt sich selber die Uhr aus dem Sack!"
Großpapa, Eia! — „Nicht wahr, das ist schön?
Aber mir ja nicht an's Uhrkeken drehn!

Weg mit den Fingerchen!
So kleene Dingerchen
Dürfen die Ticketack caputtchen nich machen;
Na, na, nicht weinen! Gut Kindchen muß lachen!
(Parl.) Kille! Kille!
Lache mal, Pusselchen, willste gleich? Na?"
(Mit weinerlichem Gesicht.)
Ja, lieber Großpapa — papa — papa!
Beide (repetiren).
Lache mal, Pusselchen ꝛc.
(Das Weinen geht zuletzt in Lachen über.)

Pasewalk (in Ekstase über die geschilderten Großvaterfreuden.) Wallberg! Wo ist Wallberg? Schafft mir Wallbergen!

Wallberg (die Mittelthür öffnend). Wer schreit hier meinen Namen in die Winde? (Ueberrascht.) Sie, Herr Pasewalk?

Pasewalk. Ach was, Herr Pasewalk! Nennen Sie mir Schwiegerpapa! (Breitet seine Arme aus.)

Wallberg. Mit Wonne! (Umarmt ihn.)

Pasewalk (für sich). Eine Kraft hat er in den Muskeln, er verdiente Schlächtergeselle zu sein! (Zu Toni.) Hole meine Tochter!

Toni. Na, endlich wären wir so weit! (Ab zur Seite.)

## 11. Scene.

**Pasewalk. Wallberg.**

Pasewalk (bietet Wallberg die Hand). Alles vergeben!

Wallberg (einschlagend). Vergeben und vergessen!

Pasewalk. An Ihrem Hochzeitstage kriegen Sie von mir 500,000 Mark Preußische Consols auf den Tisch gezählt.

Wallberg. Sehr freundlich, Schwiegerpapa; aber lassen Sie die Consols ruhig in Ihrem Arnheim, ich mag sie nicht!

Pasewalk. Was?

Wallberg. Ich trachte nach Elsens Besitz, nicht nach Ihrem Vermögen.

Pasewalk. Das ist Blech! Lassen Sie mal erst den Schmalhans zur Thür 'reingucken, dann werden Sie anders reden!

Wallberg. In solcher Lage soll sich die wahre Liebe erst bewähren!

Pasewalk. Ein reicher Schwiegervater bewährt sich in solcher Lage weit besser!

Wallberg. Kurz und gut, ich nehme Ihr Geld nicht!

Pasewalk. Dann kriegen Sie auch meine Tochter nicht! Mir soll Niemand nachsagen, daß ich meinem einzigen Kinde wie ein Plundermatz Nichts mitgegeben habe! (Geht erregt auf und ab.)

Wallberg. Und mir soll Keiner nachsagen, daß ich des Geldes wegen geheirathet habe! (Geht ebenfalls erregt auf und ab.)

Pasewalk. Herr, Sie sind ein —

Wallberg. Das sind Sie auch!

Pasewalk. Zum letzten Male: wollen Sie die Consols? (Stößt mit einem Stuhl auf.)

Wallberg (ebenso). Nie!

Pasewalk. Dann 'raus!

Wallberg. Auf Nimmerwiedersehen!

### 12. Scene.

**Vorige. Toni. Else.**

Else. Mein Himmel! Was geht denn hier vor?

Toni (zu Pasewalk). Ich denke, Sie sind Ein Herz und Eine Seele?

Pasewalk. Mit dem Manne ist kein Frieden zu halten, er fängt immer wieder an.

Wallberg. Sie haben angefangen mit Ihrer dummen Million.

Pasewalk (schreit). 'Ne halbe war's blos! Uebertreiben Sie nicht!

### 13. Scene.

**Vorige. Baron Erich. Baron Kurt.** (Der Letztere in Uniform.)

Erich. Verzeihen Sie, wenn wir vielleicht stören!

Pasewalk (für sich). Die Barone! (Laut.) Durchaus nicht, Herr Baron, nur 'ne kleine Differenz mit meinem Schwiegersohn.

Kurt (nähert sich indessen Toni, küßt ihr zum Gruß die Hand, sie sprechen leise weiter).

Erich. Sie haben einen Schwiegersohn?

Pasewalk. Nun ja, Herrn Maler Wallberg. (Für sich.) Nachher fliegt er 'raus!

Wallberg (verneigt sich).

Erich. Und mich ließen Sie glauben, es wäre Ihre Tochter, in die ich mich sammt meinem Neffen verliebt? Sie scheinen ein Spaßvogel zu sein!

Pasewalk (mit gezwungenem Lachen). Da kann man nicht d'ran tippen.

### 14. Scene.
**Vorige. Dörthe. (Dann) Lanzke. Lux. Ulfert. Randow. Friederike.**

Dörthe (zu Wallberg). Wilhelm läßt fragen, ob sie jetzt kommen sollen.

Wallberg. Die hatte ich schon ganz vergessen! (Zu Else.) Soll ich wirklich klein beigeben?

Else. Thu's mir zu Liebe!

Wallberg. Na, sei's d'rum! (Geht mit Dörthe an die Mittelthür.)

Else (freudig zu Pasewalk). Papa, er nimmt die Million!

Pasewalk. 'Ne halbe habe ich gesagt. (Für sich.) Schließlich wird's noch zu wenig sein!

Kurt (der sich mittlerweile Pasewalk genähert). Herr Pasewalk, gestatten Sie mir, Ihnen zu einem Schwiegersohn Glück zu wünschen, dem jeder Kunstkenner eine große Zukunft prophezeiht.

Pasewalk. Von diesem Gesichtspunkte bin ich auch bei seiner Wahl ausgegangen.

Dörthe (öffnet die Mittelthür und meldet). Der Chor der Friedensboten!

Lux. Ulfert. Randow. Lanzke (treten im Gänsemarsch auf. Gleichzeitig kommen) Friederike und Laura (von der Seite).

Lanzke (eröffnet den Zug mit einer weißen Kinderfahne).

Lux (folgt mit Pasewalk's Stock).

Ulfert (folgt mit Pasewalk's Revolver).

Randow (beschließt den Zug mit Pasewalk's Regenschirm).

Erich (zu Toni). Was bedeutet das?

Toni (indem sie auf Wallberg deutet). Der Sieger giebt die Kriegsbeute zurück. (Sie sprechen leise weiter.)

Lux (Pasewalk den Stock überreichend). Ihr Stock!

Ulfert (ebenso). Ihr Mord-Instrument!

Randow (ebenso). Ihr Regenschirm!

Pasewalk. Ich danke Ihnen meine Herren! (Zu Wallberg.) Sie nehmen also die Consols?

Wallberg. Ja, Sie — Sie Schwiegervater!
Pasewalk (will ein Hoch ausbringen). Das Brautpaar —
Toni (in's Wort fallend). Die beiden Brautpaare —
Pasewalk (wie oben). Die beiden Brau —
Laura (welche inzwischen zu Lux getreten). Drei Brautpaare —
Dörthe (aus dem Hintergrund mit Lanzke). Vier!
Pasewalk (sich umsehend). Sind wir nu fertig?
Random. Amor als Massenmörder! Habe noch nie so gelacht!
Pasewalk. Wie steh' ich nu da? (Reicht Friederiken die Hand.) Glücklicher Gatte — (reicht Wallberg die Hand) glücklicher Schwiegervater —
Wallberg. Und über's Jahr?
Pasewalk und Toni (fallen mit dem Refrain des Duettino ein).

(Finale.)

Lache mal, Pusselchen, willst Du gleich? Na?
Ja, lieber Großpapa — papa — papa!
Alle (repetiren).

(Der Vorhang fällt.)

(Ende der Posse.)

Druck von R. Boll, Berlin NW., Mittel-Straße 29.